北京电子科技职业学院学术著作出版基金资助

张峻 著

中式元素文创产品设计与开发

中国纺织出版社有限公司

内 容 提 要

《中式元素文创产品设计与开发》深入挖掘中国传统文化，呈现一系列受传统艺术启发的创新设计。本书涵盖井陉窑陶瓷、手工艺印染图案、非遗国潮、传统民族图案以及手工艺印染等主题，其中的作品，从餐具到丝巾，从书法到装饰画，都是设计师深入探索中式美学与现代生活方式相结合的成果。这些文创产品体现了现代设计理念与传统美学的完美融合，不仅赏心悦目，更引领读者体验传统与现代、艺术与生活的和谐共存，展现了中式元素在当代设计中的无限可能与活力。

图书在版编目（CIP）数据

中式元素文创产品设计与开发 / 张峻著. -- 北京：中国纺织出版社有限公司，2024.10. -- ISBN 978-7-5229-2205-8

I.G114

中国国家版本馆 CIP 数据核字第 2024S2Z906 号

责任编辑：李春奕　张晓芳　　　责任校对：高　涵
责任印制：王艳丽

中国纺织出版社有限公司出版发行
地址：北京市朝阳区百子湾东里 A407 号楼　邮政编码：100124
销售电话：010—67004422　传真：010—87155801
http://www.c-textilep.com
中国纺织出版社天猫旗舰店
官方微博 http://weibo.com/2119887771
北京通天印刷有限责任公司印刷　各地新华书店经销
2024 年 10 月第 1 版第 1 次印刷
开本：787×1092　1/16　印张：11.5
字数：100 千字　定价：89.00 元

凡购本书，如有缺页、倒页、脱页，由本社图书营销中心调换

中式元素文创设计是指将中国传统文化元素与现代设计理念相结合，创作出具有中国特色的文创产品。该书以中国传统文化为背景，以数字媒体技术为手段，以现代设计思维为理念，以设计实践为目的，立足于中国本土文化资源，以"中式元素"为切入点，以中国"非遗"元素资源以及其他优秀的传统元素为研究对象，将中国传统文化精髓、优秀的传统手工技艺与现代设计理念相结合，实现新时期文创产品设计与开发，使传统文化创造性转化、创新性发展与新时代社会文明建设深度融合，推动我国文旅产业的发展与进步。

中式元素文创产品可以涉及各个领域，如日用品、手工艺、服装、家居、文具等。在日用品设计中，可以将传统的中国元素融入餐具设计，使用传统的中国元素、中国图案作为装饰；在手工艺品领域中，可以将传统的中国剪纸、刺绣、陶瓷等技艺与现代设计相结合，创作出具有现代美感的手工艺品。在中式元素文创设计中，通过融入创新元素和创作手法，设计师能够创造出具有现代美感和传统文化气息的产品。这种设计方法旨在传承和弘扬传统文化，同时赋予其新的时代意义。通过与传统元素的对话和创新，设计师能够创造出令人惊叹的作品，同时为人们提供一种与传统文化互动、感受其魅力的新途径。文化创意产品以其独特的创新和个性化特色，不仅满足了人们的物质需求，还显著提升了他们的精神生活质量。

总之，中式元素文创设计是一种有着悠久历史和深厚文化底蕴的设计方式，它可以突出中国文化的个性和魅力，也可以带动文创产业的发展。在"以人民为中心"的发展思想指导下，我们不断推动文化创新，为文创产品注入了新内容，同时也促进了市场的繁荣。

全书共分五个部分，以项目为依托展开描述，即项目一：井陉窑传统元素旅游瓷系列文创产品设计；项目二：手工艺印染图案文创产品设计；项目三："遇见非遗、国潮来袭"文创产品设计；项目四：民族图案文创产品设计；项目五：敦煌主题纹样文创产品设计。结合以上实际案例，笔者阐述了在文创产品设计上所做的一些思考和尝试，希望能为广大设计师和设计爱好者提供一些有益的参考与帮助。

"中国式"，一个在国人心中永远不会过时的词语，它的存在是历史的沉淀与文化的积淀，也是对未来生活和社会的一种期许。在当今高速发展的时代，人们对于优秀传统文化所蕴含的精神价值愈发珍视和追求。因此，越来越多的人倾心投身到中国文化产业和文化创意产品领域。《中式元素文创产品设计与开发》一书为充满活力、热爱并致力于传承与弘扬中国优秀传统文化而奋斗不息者搭建了一个交流学习、共同进步的平台。

著者

2024年5月

项目一　井陉窑传统元素旅游瓷系列文创产品设计

一、井陉窑传统元素旅游瓷系列文创产品项目综述 / 002

二、项目设计构想及实施 / 003

三、项目文创设计效果展示 / 004

项目二　手工艺印染图案文创产品设计

一、手工艺印染图案文创产品项目综述 / 032

二、手工艺印染图案项目文创设计效果展示 / 038

项目三　"遇见非遗、国潮来袭"文创产品设计

一、"吉庆喜福"文创产品项目综述 / 070

二、"吉庆喜福"文创设计构想 / 072

三、"吉庆喜福"项目文创设计效果展示 / 073

四、"鲤跃龙门"文创产品项目综述 / 086

五、"鲤跃龙门"文创设计构想 / 087

六、"鲤跃龙门"项目文创设计效果展示 / 088

项目四　民族图案文创产品设计

　　一、民族图案文创产品项目综述 / 104

　　二、民族图案在文创设计中的创新应用 / 106

　　三、民族图案项目文创设计效果展示 / 108

项目五　敦煌主题纹样文创产品设计

　　一、敦煌主题纹样文创产品项目综述 / 138

　　二、敦煌主题纹样项目文创设计效果展示 / 142

结　语 / 178

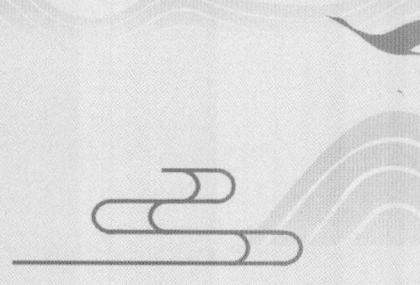

项目一
井陉窑传统元素旅游瓷系列文创产品设计

一 井陉窑传统元素旅游瓷系列文创产品项目综述

（一）项目背景

本系列设计以河北省井陉县中北部和井陉矿区大型井陉窑为主要创作资源。井陉窑是中国古代陶瓷之一，以其特殊的釉色和纹路而闻名。井陉窑历史悠久，先后经历了隋、唐、五代、宋、金、元、明、清时期的大型瓷窑址集群，种类和器型品种繁多，造型饱满古朴、纹饰精细典雅、色彩秀丽庄重，集考古价值、文化价值和艺术价值于一身。

本系列设计着重于保护和传承井陉窑的传统工艺，与当地的手工艺人合作，使用传统的工艺和技术制作瓷器和纪念品，有助于保护这一重要的文化遗产，并为当地手工艺人提供就业和发展机会。

此外，井陉窑的艺术风格也可以为餐具文创设计提供灵感。例如，可以采用井陉窑特有的线条和形状作为餐具的设计元素，创造出具有中国传统文化气息的餐具产品。

（二）井陉窑的艺术特征与文化内涵

井陉窑是中国北方古代陶瓷中的一支重要流派，它的创作历史可以追溯到隋代，至今已有千年历史。井陉窑的艺术特征主要表现在以下几个方面：首先是釉色的特点，井陉窑的釉色以青绿色为主，具有清新、自然的美感。其次是造型的特点，井陉窑的器型多为圆润、简洁的造型，表现出朴实、自然的美感。再次是纹饰的特点，井陉窑的纹饰多为自然景物和动物纹样，具有浓郁的北方文化特色。最后是胎体的特点，井陉窑的胎体质地坚实，质感细腻，具有高度的技艺水平。

井陉窑的文化内涵也非常丰富，它不仅是陶瓷艺术的代表，而且是中国古代文化的重要组成部分。首先，井陉窑的釉色和造型表现了中国古代文化中的"自然"和"朴实"的审美观念。其次，井陉窑的纹饰多为自然景物和动物纹样，反映了中国古代文化中的"天人合一"和"物我两忘"思想，表现出了中国古代文化中的哲学思想。最后，井陉窑的制作工艺高超，反映了中国古代文化中的"精益求精"和"匠心独运"理念，表现出了中国古代文化中的工匠精神。总之，井陉窑以其独特的艺术特征和文化内涵，成为中国古代陶瓷中不可忽视的一部分，其艺术价值和文化价值都非常突出。在今天的文化传承和发展中，井陉窑的价值和意义更加凸显，它不仅是中国古代文化的重要遗产，而且是中国文化艺术的重要组成部分。

二 项目设计构想及实施

本次井陉窑旅游瓷文创设计共分三个系列：花开吉祥餐具系列、井陉窑传统元素组合系列、莲花茶具组合系列。

（一）设计构思

在餐具设计中，运用井陉窑元素赋予产品独特的视觉风格，如采用井陉窑的纹饰作为餐具表面的装饰，或者运用井陉窑的釉色为餐具上色。设计中提炼了井陉窑出土文物中极具代表性的花卉和吉祥纹饰，如莲花、牡丹、菊花、海棠花、寿字纹及祥云纹等，在中国传统文化中蕴含"四季进宝""富贵千秋""健康长寿""玉堂富贵"等对美好生活向往的寓意，动物纹饰采用了凤和仙鹤，蕴含祥瑞、和平、益寿延年、吉祥忠贞等美好寓意。

（二）设计实施

在餐具器皿的造型上提取了井陉窑食器里使用最多的圆形和海棠花造型，使餐具系列整体看上去形体饱满、纹饰变化丰富，在色彩使用上，采用中国传统色彩组合，视觉美感极强。

设计前景：结合当下白领族群和时尚新贵的审美趣味，餐具系列在视觉上要体现出功能性、艺术性、时尚性兼顾的特点，将传统文化艺术与现代实用审美相融合，将美学带进生活，为都市人们的紧张生活注入艺术气息，温暖和陶冶人心，在为人们的美好生活服务的同时传播井陉窑文化，彰显文化自信。

文创设计灵感来自井陉窑陶瓷艺术。制作了系列瓷器，包括茶杯、餐具、花瓶、盘子等。每个设计都结合传统的井陉窑元素，如著名的"鱼子纹""菊花纹"和"绿釉"，以及现代元素，如简洁的线条和明亮的颜色。还计划在瓷器上印刷一些历史和文化信息，以便游客了解井陉窑的历史和文化。相信这些设计将成为游客回忆井陉窑之旅时的完美纪念品。

三 项目文创设计效果展示

（一）花开吉祥餐具系列（图1-1～图1-8）

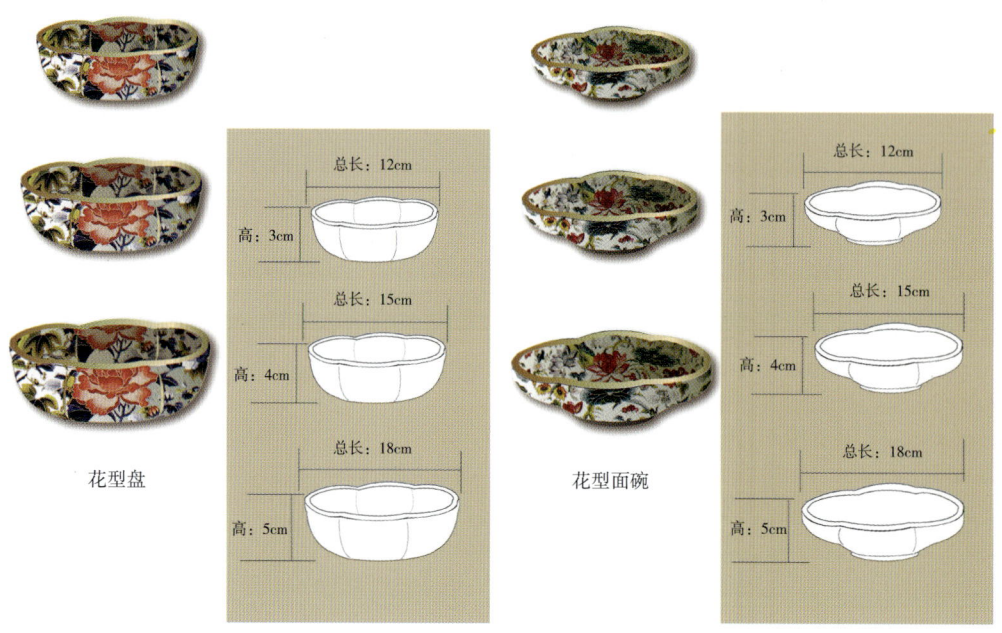

图1-1　井陉窑旅游瓷花开吉祥餐具系列1

花型饭碗

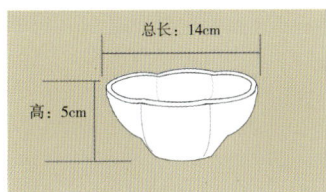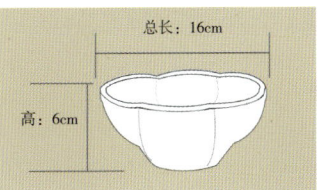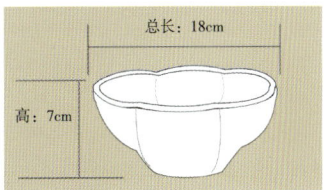

图1-2 井陉窑旅游瓷花开吉祥餐具系列2

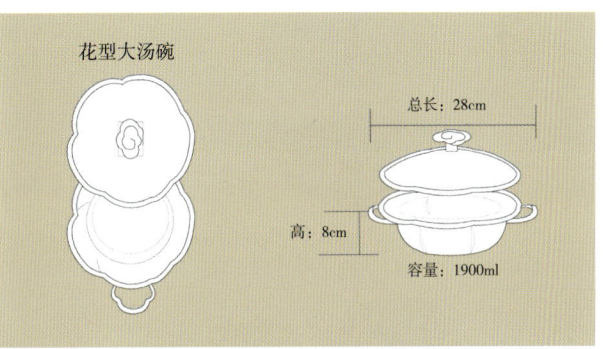

花型大汤碗

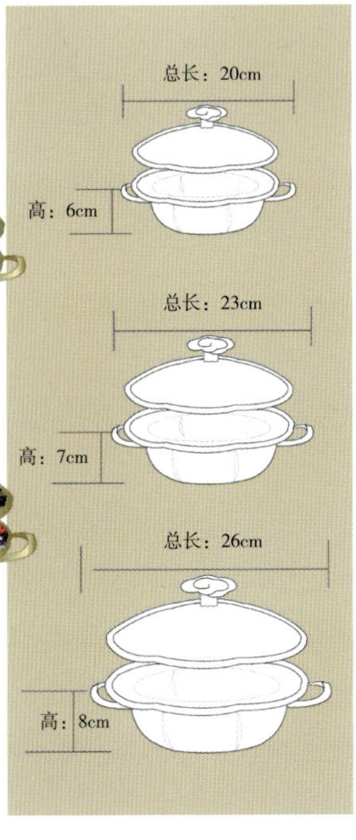

设计说明

设计思路:本次井陉窑旅游瓷餐具系列提炼了井陉窑出土文物中极具代表性的花卉和吉祥纹饰,如莲花、牡丹、菊花、海棠花、寿字纹、及祥云纹等,在中国传统文化中蕴含"四季进宝""富贵千秋""健康长寿""玉堂富贵"等向往美好生活的寓意,动物纹饰采用了凤和仙鹤纹,蕴含祥瑞、和平、益寿延年、吉祥忠贞等美好寓意。

材质:陶瓷+金属

设计实施:餐具器皿的造型上提取了井陉窑食器里使用最多的圆形和海棠花型,使餐具系列整体看上去形体饱满、纹饰变化丰富。在色彩上,采用中国传统色彩组合,视觉美感极强。

应用前景:餐具系列视觉上结合了当下白领一族和时尚达人的审美趣味,集功能性、艺术性、时尚性于一体,将传统文化艺术与现代实用审美相融合,将美学带进生活,为都市人们的紧张生活注入艺术气息,在为人们美好生活服务的同时传播井陉窑文化,彰显文化自信。

图1-3 井陉窑旅游瓷花开吉祥餐具系列3

项目一 井陉窑传统元素旅游瓷系列文创产品设计 | 005

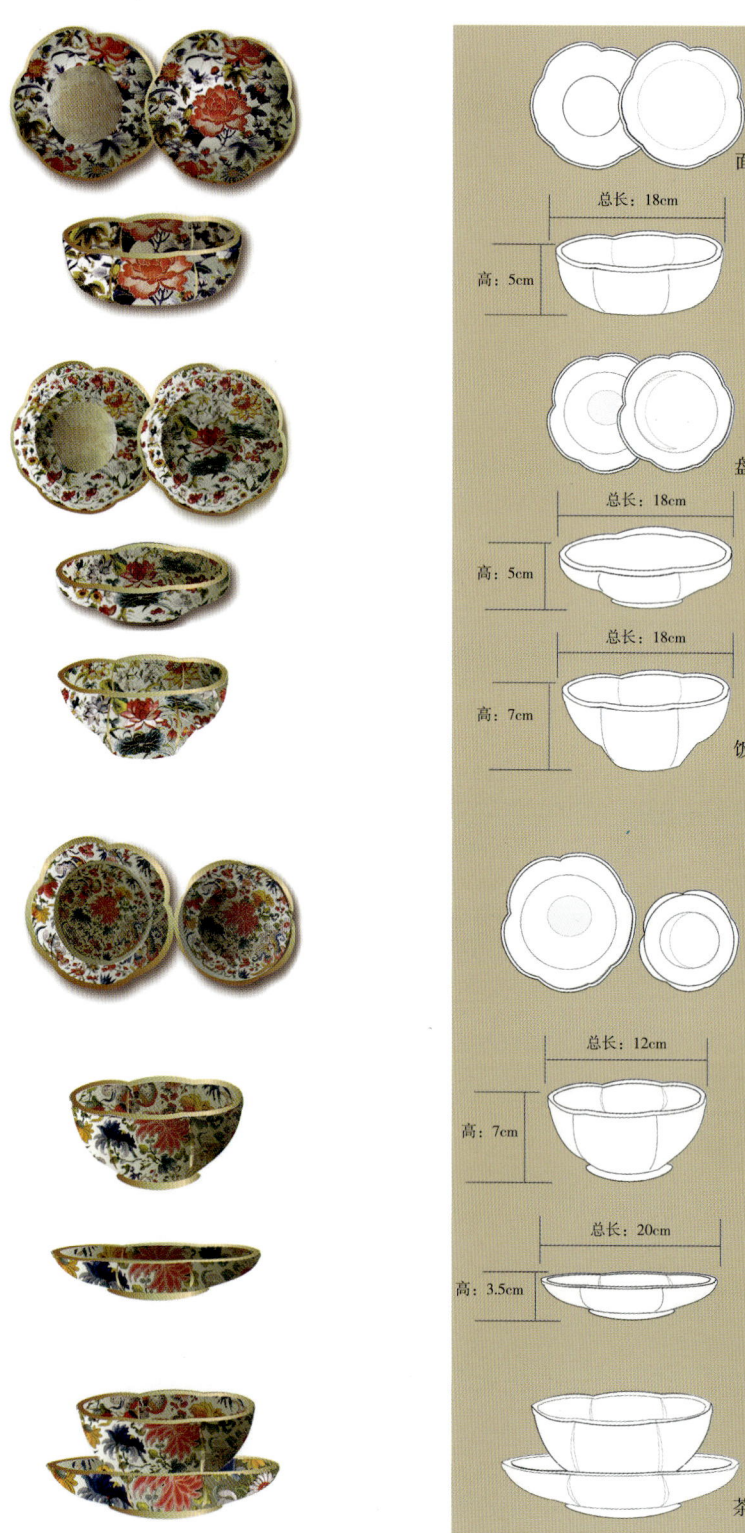

图1-4 井陉窑旅游瓷花开吉祥餐具系列4

图1-5 井陉窑旅游瓷花开吉祥餐具组合1

图1-6 井陉窑旅游瓷花开吉祥餐具组合2

图1-7 井陉窑旅游瓷花开吉祥餐具组合3

海棠花型盘

海棠花型碗

图1-8 井陉窑旅游瓷花开吉祥餐具组合4

（二）花瓶、果盘、茶杯组合系列（图1-9~图1-13）

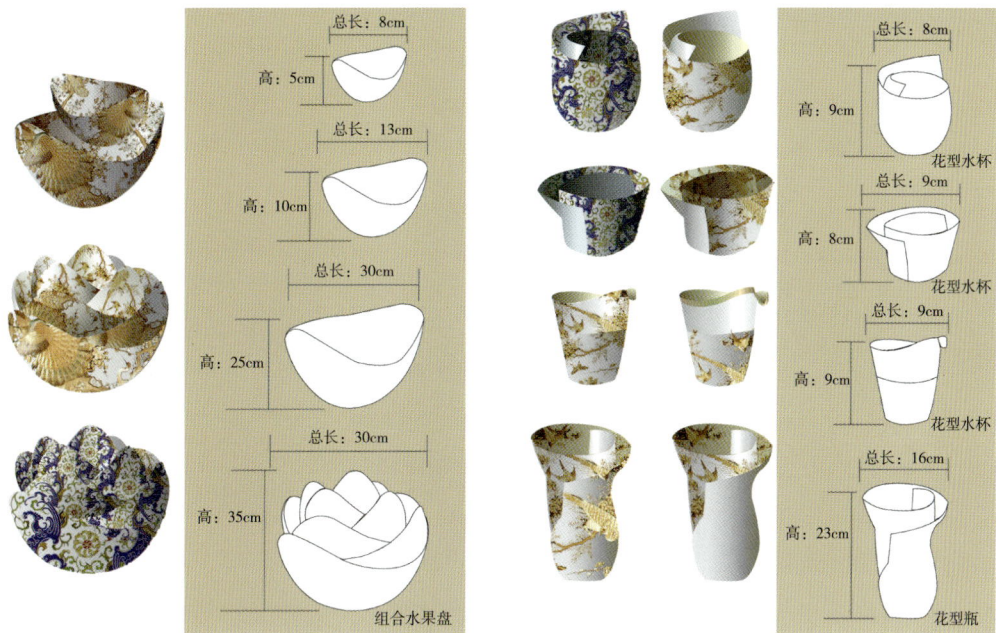

图1-9　井陉窑旅游瓷花瓶、果盘、茶杯组合系列1

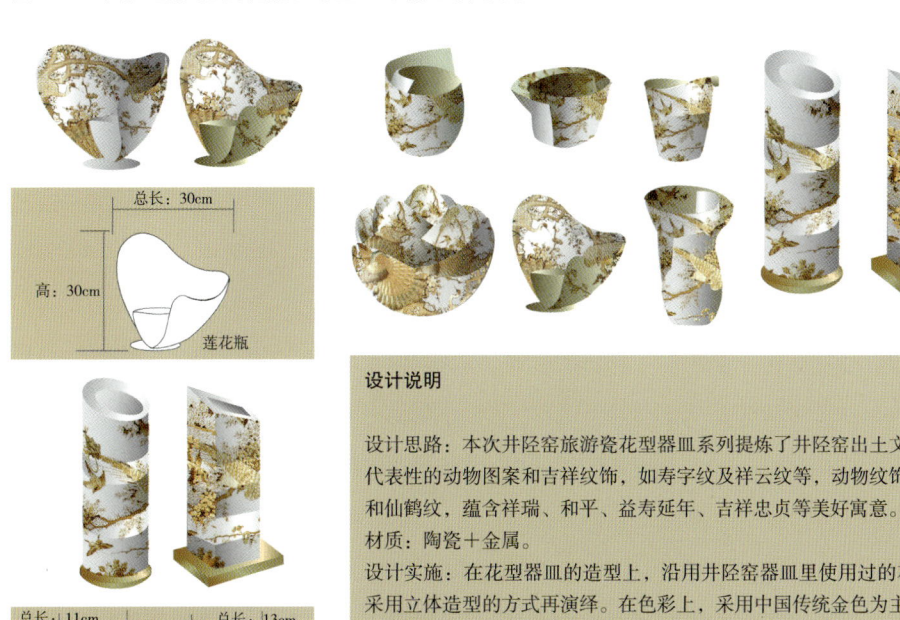

图1-10　井陉窑旅游瓷花瓶、果盘、茶杯组合系列2

设计说明

设计思路：本次井陉窑旅游瓷花型器皿系列提炼了井陉窑出土文物中极具代表性的动物图案和吉祥纹饰，如寿字纹及祥云纹等，动物纹饰采用了凤和仙鹤纹，蕴含祥瑞、和平、益寿延年、吉祥忠贞等美好寓意。
材质：陶瓷＋金属。
设计实施：在花型器皿的造型上，沿用井陉窑器皿里使用过的花卉纹饰，采用立体造型的方式再演绎。在色彩上，采用中国传统金色为主色调，视觉美感极强。
应用前景：花型器皿系列视觉上结合了当下白领一族和时尚达人的审美趣味，集功能性、艺术性、时尚性于一体，将传统文化艺术与现代实用审美相融合，将美学带进生活，为都市人们的紧张生活注入艺术气息，在为人们美好生活服务的同时，传播井陉窑文化，彰显文化自信。

图1-11 井陉窑旅游瓷花瓶组合系列

图1-12 井陉窑旅游瓷花瓶、茶杯组合系列

图1-13 井陉窑旅游瓷花瓶、果盘组合系列

（三）传统花卉元素茶具组合系列（图1-14～图1-17）

图1-14　井陉窑旅游瓷传统花卉元素茶具组合系列1

设计说明

设计思路：本次井陉窑旅游瓷花型器皿系列提炼了井陉窑出土文物中极具代表性的莲花纹为主要纹饰，蕴含祥瑞、和平、吉祥多福等美好寓意。

材质：陶瓷＋金属

设计实施：莲花茶具的造型上沿用井陉窑器皿里使用过的花卉纹饰，采用立体造型的方式再演绎。在色彩上，采用中国传统金色为主色调，视觉美感极强。

应用前景：莲花纹茶具组合视觉上结合了当下白领一族和时尚达人的审美趣味，集功能性、艺术性、时尚性于一体，将传统文化艺术与现代实用审美相融合，将美学带进生活，为都市人们的紧张生活注入艺术气息，在为人们的美好生活服务的同时传播井陉窑文化，彰显文化自信。

图1-15　井陉窑旅游瓷传统花卉元素茶具组合系列2

图1-16 井陉窑旅游瓷莲花茶具组合系列

图1-17 井陉窑旅游瓷传统花卉元素茶具组合系列3

（四）井陉窑文创产品海报系列（图1-18）

图1-18

项目一　井陉窑传统元素旅游瓷系列文创产品设计

井陉窑陶瓷文创

传统元素现代演绎
秉持设计初心

井陉窑是河北考古工作者近年的新发现。以天长古镇为中心，目前已在井陉县中北部相继发现了10余处窑址群，使井陉窑在湮没数百年后重现了天日。井陉窑是历经隋、唐、宋、金、元、明、清等朝代的一处瓷窑址集群。井陉窑与河北其他古瓷窑相同，也是以烧造白瓷为主，兼烧酱釉、黑酱釉、绿釉、黄釉、天目釉瓷器及三彩器。装饰技法有点彩、划花、刻花、印花等，尤以戳印点彩见长，题材多为民间喜闻乐见的花卉、动物和人物。井陉窑瓷窑工艺发展状况的研究有重要价值。1993年被定为省文物保护单位，2000年井陉窑与邢窑、定窑、磁州窑并列为"河北四大古窑"，2001年井陉窑遗址被公布为第五批全国重点文物保护单位。

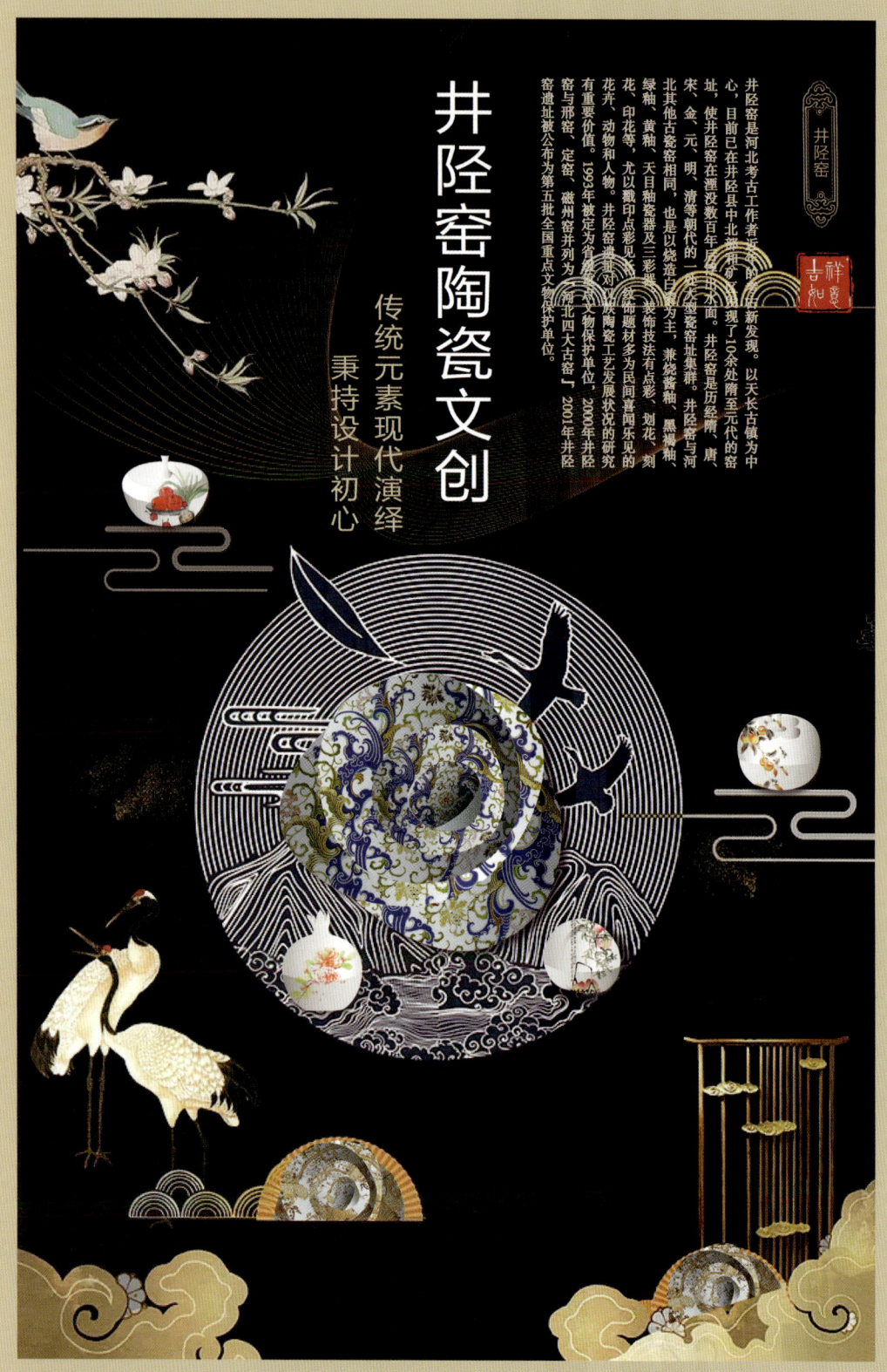

图1-18

项目一 井陉窑传统元素旅游瓷系列文创产品设计

井陉窑陶瓷文创

传统元素现代演绎

秉持设计初心

井陉窑是河北考古工作者近年的考古新发现。以天长古镇为中心，目前已在井陉县中北部和矿区发现了10余处隋至元代的窑址。使井陉窑在湮没数百年后浮出水面。井陉窑窑址是历经隋、唐、宋、金、元、明、清等朝代的一处大型瓷窑窑址群。井陉窑与河北其他古瓷窑相同，也是以烧造白瓷为主，兼烧酱釉、黑褐釉、绿釉、黄釉、天目釉瓷器及三彩器。装饰技法有点彩、划花、剔花、印花等，尤以戳印点彩见长。纹饰题材多为民间喜闻乐见的花卉、动物和人物。1992年被定为省级重点文物保护单位，2000年井陉窑与邢窑、定窑、磁州窑并列为「河北四大古瓷」2001年井陉窑遗址被公布为第五批全国重点文物保护单位。井陉窑遗址对汉族陶瓷工艺发展状况的研究有重要价值。

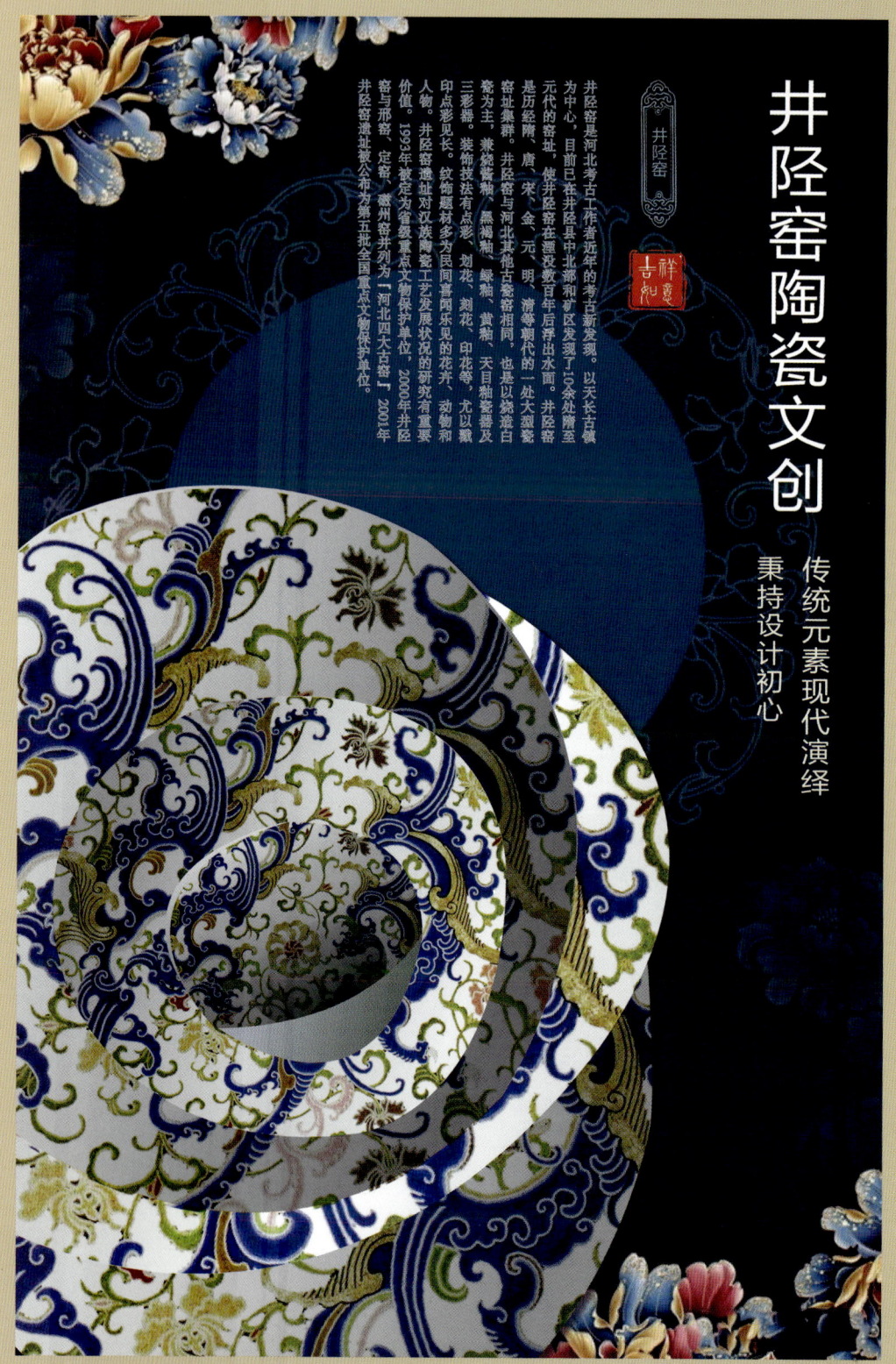

022 | 中式元素文创产品设计与开发

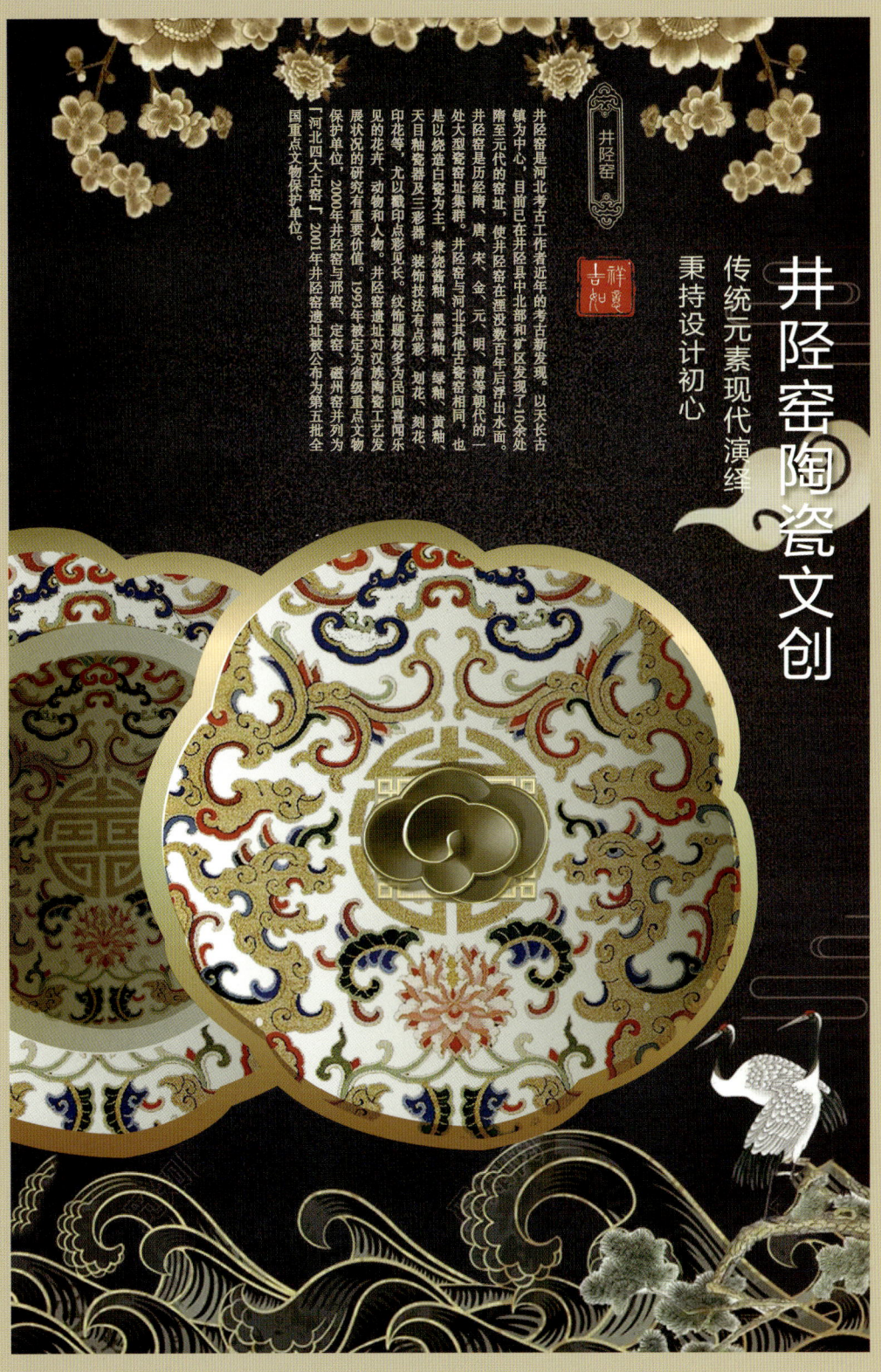

井陉窑陶瓷文创

传统元素现代演绎
秉持设计初心

井陉窑

井陉窑是河北考古工作者近年的考古新发现。以天长古镇为中心，目前已在井陉县中北部和矿区发现了3处窑址，使井陉窑在湮没数百年后浮出水面。井陉窑是历经隋、唐、宋、金、元、明、清等朝代的一处大型窑窑址集群。井陉窑与河北其他古窑窑相同，也是以烧造白瓷为主，兼烧酱釉、黑褐釉、绿釉、天目釉瓷器及三彩器。装饰技法有点彩、刻花、刻划、印花等，尤以戳印点影见长。纹饰题材多为民间喜闻乐见的花卉、动物和人物。1993年被定为省级重点文物保护单位，2000年井陉窑对汉族陶瓷工艺发展状况的研究有重要价值。2001年井陉窑遗址与邢窑、定窑、磁州窑并列为"河北四大古窑"。2001年井陉窑遗址被公布为第五批全国重点文物保护单位。

图1-18

井陉窑陶瓷文创

传统元素现代演绎
秉持设计初心

井陉窑是河北考古工作者近年的考古新发现。以天长古镇为中心，目前已在井陉县中北部和矿区发现了10余处隋至元代的窑址。井陉窑是历经隋、唐、宋、金、元、明、清等朝代的一处大型窑址集群。井陉窑与河北其他古瓷窑相同，是以烧造白瓷为主，兼烧酱釉、黑褐釉、绿釉、黄釉、天目釉瓷器及三彩器。装饰技法有点彩划花、刻花、印花等，尤以戳印点彩见长，纹饰题材多为民间喜闻乐见的花卉、动物和人物。井陉窑遗址对汉族陶瓷工艺发展状况的研究有重要价值。1999年被鉴定为省级重点文物保护单位，2000年井陉窑与邢窑、定窑、磁州窑并列为「河北四大古窑」，2001年井陉窑遗址被公布为第五批全国重点文物保护单位。

井陉窑

祥和吉喜

图 1-18

项目一 井陉窑传统元素旅游瓷系列文创产品设计 | 025

图1-18 井陉窑文创产品海报

（五）井陉窑文创产品海报户外展示系列（图1-19）

图1-19

项目一　井陉窑传统元素旅游瓷系列文创产品设计　｜　027

028 | 中式元素文创产品设计与开发

图1-19

项目一 井陉窑传统元素旅游瓷系列文创产品设计 | 029

图1-19 井陉窑文创产品海报户外展示

030 | 中式元素文创产品设计与开发

项目二 手工艺印染图案文创产品设计

一 手工艺印染图案文创产品项目综述

（一）扎染手工艺

1. 扎染手工艺的介绍

扎染是一种传统的手工技艺，分为扎结和染色两部分。它起源于中国，后来传入日本，并在日本得到了广泛的发展和应用。它是将染料通过手工细致地在布料上一点一点地描绘和涂抹，形成各种图案和纹理的技术。扎染可以使用多种不同的材料和工具，包括染料、细绳、绷带等。

扎染有许多不同的技法和风格，每个地区和文化都有其独特的特点。在染料选择方面，常用的有天然染料和化学染料两种。天然染料可以来自植物、昆虫、动物或者矿物等，带给布料自然的色彩。化学染料则具有更鲜艳和多样的颜色选择。同时，扎染的图案可以是几何纹样、动植物形象、民俗图案或者抽象图案，随着设计师的创意和风格而变化。扎染制作的产品包括服装、家居饰品、配饰等，其独特的图案和色彩使其成为时尚界和艺术界的宝贵资源。同时，扎染也代表了人们对于自然和手工艺传统的尊重和追求，体现了人与自然和谐共生的理念，扎染手工艺在现代仍然得到了广泛地应用和发展。

随着时代的发展，和人们精神文化需求的日益增长，扎染工艺不断与当今科技文化融合创新，将数码印花技术与扎染艺术融合，实现工艺上的创新。许多设计师和艺术家将扎染技艺与现代设计相结合，创作出独特的作品，从而更好地体现扎染艺术在文创产品设计中的价值，以满足人们对个性化、时尚化的强烈追求，为现代文创设计带来了新的活力。

2. 扎染图案的艺术特征

扎染作为一种中国传统手工艺，分布在全国各地，但是以湖南的茶陵县、衡山县、湘潭市等，贵州的毕节市、黔东南州、黔西南州等，江苏的无锡市、常州市、苏州市等，四川的雅安市、乐山市、都江堰市等为主要集中地。随着文化交流的推进，扎染作为一种中国传统文化元素，已经逐渐扩展到全国各地，并成为中国传统手工艺的重要组成部分。

扎染图案有着独特的艺术特征。

（1）鲜艳的颜色：扎染图案的颜色鲜艳明亮，常常是红、黄、蓝、绿、紫等色彩，这些颜色能够带给人愉悦和美好的感受。

（2）独特的图案：扎染的图案独特，不同的图案寓意不同，能够引起人们的共鸣和联想，同时也具有很高的艺术价值。

（3）清晰的纹理：扎染图案的纹理清晰，这得益于扎染的特殊工艺。

（4）厚重的质感：扎染织物手感良好，柔软舒适，同时具有一定的厚重感，这是扎染技艺的特殊性所致，这种艺术特征能够让人们更好地欣赏和感受扎染作品。

总之，扎染图案具有独特的艺术特征，它们的颜色鲜艳、图案独特、纹理清晰、质感厚重，具有极高的艺术价值和收藏价值。同时，扎染图案也是中国传统手工艺品中的重要组成部分，对于推广中国传统手工艺、传承和弘扬中华文化都有着重要的意义。

3. 扎染图案的文化内涵

扎染是一种民间手工艺，其图案的文化内涵具有很强的民族特色。

（1）草木花卉纹：草木花卉纹是扎染图案中常见的一种，寓意着生命的循环和自然的美好，也代表着对自然的崇敬和敬畏。

（2）龙凤纹：龙凤纹是中国传统文化中常见的图案，龙代表着权力和尊严，凤代表着幸福和吉祥，龙凤纹的出现代表着幸福、吉祥和权力的统一。

（3）鱼纹：鱼是中国传统文化中的吉祥物之一，代表着富贵和繁荣，鱼纹的出现寓意着家庭幸福和事业顺利。

（4）福字纹：福字是中国文化中的重要元素之一，代表着幸福和吉祥，福字纹的出现寓意着吉祥如意、幸福美满。

（5）蝴蝶纹：蝴蝶是中国传统文化中的吉祥物之一，代表着美好和幸福，蝴蝶纹的出现寓意着吉祥如意、幸福美满。

总之，扎染图案具有很强的民族特色和文化内涵，代表了中国传统文化中的吉祥、和谐、繁荣等重要价值观念。扎染手工艺的传承和发扬，不仅是对中国传统文化的继承和传承，也是对美好生活的向往和追求。

（二）蜡染手工艺

1. 蜡染手工艺介绍

蜡染是中国传统文化中的重要元素之一，也是一种传统的手工艺，已经有超过一千年的历史，它主要集中在中国南方少数民族聚居地区，如湖南、贵州的侗族、苗族，广西壮族，云南少数民族等地。在蜡染手工艺中，人们使用蜡作为防染剂，将蜡涂在织物上，然后将织物浸泡在染料中，使织物上未被蜡覆盖的部分染色，而被蜡覆盖的部分则保持原来的颜色。蜡染手工艺在中国的历史可以追溯到唐朝时期，当时人们使用蜡染技术制作皇家服饰和宫廷用品。在宋朝时期，蜡染技术得到了更广泛的应用，人们开始将其用于制作家居用品和装饰品，如床罩、窗帘、桌布等。随着时间的推移，蜡染手工艺逐渐传播到了其他国家，如印度、印度尼西亚、马来西亚和非洲等地，在这些地区，人们将蜡染技术与当地文化相结合，创造出了各种独特的蜡染风格和设计。在现代，蜡染手工艺已经成了一种受欢迎的手工艺，许多艺术家和设计师用其创作时装、家居用品和装饰品等。蜡染手工艺也成了一种文化遗产，许多地区都将其列为非物质文化遗产，并采取措施以保护和传承这一传统技艺。总的来说，蜡染手工艺是一种丰富多彩的传统手工艺，它不仅具有悠久的历史和文化背景，而且在现代也得到了广泛的应用和发展。同时，随着文化交流的扩大，蜡染技艺已经扩展到全国各地，并成为中国传统手工艺的重要组成部分。

2. 蜡染图案的艺术特征

蜡染是一种中国传统手工艺，它图案的艺术特征非常独特。

（1）内涵丰富：蜡染图案的内涵非常丰富，通常与中国传统文化有关，如古代神话、传说、历史故事等。

（2）色彩鲜艳：蜡染图案的色彩非常鲜艳，常用的颜色有红、黄、蓝、绿、紫等，代表着吉祥、祥瑞、富贵等吉祥美好的寓意。

（3）形式多样：蜡染图案的形式非常多样，常见的图案有动植物、人物、风景、器物等，通常有着独特的寓意和象征意义。

（4）纹理清晰：蜡染图案的纹理非常清晰，这得益于蜡染的特殊工艺。在制作蜡染时，首先将熔化的蜡涂在织物上，然后染色，最后将蜡脱去，形成清晰的图案。

（5）手工制作：蜡染是一种传统的手工艺，需要经过多道制作工序，因此每一件蜡染作品都是独一无二的，有着非常高的收藏和欣赏价值。

总之，蜡染图案的艺术特征非常独特，它们内涵丰富、色彩鲜艳、形式多样，充满了中国传统文化的气息，是中国传统手工艺品中的重要组成部分。

3. 蜡染图案的文化内涵

少数民族蜡染图案是中国少数民族传统文化中的一种特有图案，具有深刻的文化内涵和象征意义。

（1）雁荡山纹：雁荡山纹是浙江省、福建省一带少数民族的蜡染图案，以雁荡山为蓝本，表现了层峦叠嶂的山峦和奔腾的江水，寓意着人们向着高峰不断攀登的精神。

（2）飞天纹：飞天纹是少数民族蜡染图案中比较常见的一种，代表着各类神仙、天使和仙女等，寓意着对于美好生活的向往和追求。

（3）牛角纹：牛角纹是蜡染图案的一种，主要由牛角的形状组成，代表牛的力量和勇气，寓意着人们在生活中要勇往直前。

（4）荷花纹：荷花纹是蜡染图案中的一种，以荷花为蓝本，寓意着纯洁、高尚和荷花的美丽。

（5）龙凤纹：龙凤纹是中国传统文化中的重要元素，代表着吉祥和祥瑞，寓意着人们得到好运和好事。

总之，蜡染图案不仅具有独特的艺术价值，还承载着丰富的历史、民俗和文化内涵。通过蜡染技艺，人们可以在细腻的图案中感受到传统文化的魅力和智慧，同时也可为传统手工艺注入现代的创新和时尚元素。蜡染作为一种珍贵的文化遗产，不仅丰富了人们的生活，还促进了文化的交流和传统手工艺的传承与发展。

（三）创新设计

手工艺印染图案系列文创设计从图案、色彩、工艺三个方面进行了大胆尝试，将传统手工艺与服装、布包、抱枕、丝巾等日用品相结合，突破了传统手工艺的应用范围，将其运用到日常生活用品中，为这些物品注入了独特的艺术气息。图案、色彩和工艺的大胆尝试使得这些日用品呈现出独特的视觉效果,让人们在日常生活中也能感受到艺术的美好。这一系列设计不仅为传统手工艺注入了新的活力,也为日常生活用品的设计带来了全新的可能性,展示了传统与现代的完美结合。

1. 扎染创新设计

图案创新设计:首先,可以根据不同的主题、风格或需求,设计出独特的图案。例如,可以将传统的扎染图案与现代元素相结合,设计出新颖的图案。设计师还可以通过改变染料的颜色、纹理和渗透方式等,创造出不同的效果和图案。其次,通过材料的选择和处理来实现图案创新。扎染可以应用各种不同的材料,如棉、丝、麻等,设计师可以选择不同的材料来实现不同的效果和图案,通过对材料的特殊处理,如预处理、漂白、染色等,创造出独特的图案效果。最后,图案的创新还可以通过技术的创新来实现。扎染是一种手工艺,传统的扎染技术有限,只能实现一些简单的图案。随着科技的发展,现代的扎染技术也在不断创新。例如,可以利用计算机辅助设计复杂的图案,然后通过机器自动化生产来实现,这样可以大大提高图案的创新性和生产效率。

色彩创新设计:色彩创新设计是扎染创新设计中的一个重要方面。传统的扎染作品通常使用自然染料,如植物染料和天然矿物染料,所以色彩比较古朴和自然,而色彩创新设计可以引入更多的色彩选择,包括鲜艳明亮的色彩和现代感强烈的色彩组合,可以使扎染作品更加生动活泼,吸引更多年轻人的关注。色彩创新设计还可以通过不同的染色技术和处理方法来实现。传统的扎染技术通常是将织物绑扎后浸泡在染料中,使染料只能渗透织物的某些部分,形成图案。而色彩创新设计可以尝试使用更多的染色方法,如喷涂、刷涂、印花等,使色彩更加丰富多样、图案更加复杂精致。此外,色彩创新设计还可以结合其他设计元素,如线条、形状、质感等,创造出更加独特的效果。通过将不同的色彩和设计元素进行组合和对比,可以创造出丰富多样的视觉效果,使扎染作品更加具有艺术性和时尚感。

风格创新设计:扎染以其丰富的文化内涵和独特的民族风格经久不衰,一直受到时尚界和年轻人的追捧。将扎染手工艺与现代艺术设计思想相融合,在风格上的创新主要通过不同的扎染手法实现。浸染法使扎染呈现抽象的艺术风格,吊染法使扎染呈现优雅的艺术风格,拔染法使扎染呈现狂野风格，注染法使扎染呈现时尚活泼的艺术风格。通过创新探索使扎染图案系列文创产品呈现出更加多样化的特点。

2. 蜡染创新设计

图案创新设计：在传统的蜡染手工艺中，人们通常使用简单的几何图案或自然图案，如花、鸟、虫、鱼等，来装饰织物。这些图案简单明了，缺乏创新和个性化。随着时代的发展和人们审美观念的变化，蜡染手工艺的图案创新也得到了很大的发展。现代的蜡染手工艺中，人们可以使用各种各样的图案来装饰织物，如抽象图案、卡通图案、文字图案等。这些图案不仅可以带来更加丰富、多样的视觉效果，而且可以表达出更加独特、个性化的文化内涵。在蜡染手工艺图案的创新中，人们还可以使用各种各样的技巧，如叠色、渐变、拼接等，来创造更加独特、个性化的图案效果。除了图案的创新，现代的蜡染手工艺还可以使用各种各样的织物材料，如棉、麻、丝、毛等，创造不同的图案效果。不同的织物材料有着不同的质感和手感，可以带来更加丰富、多样的图案体验。总的来说，蜡染手工艺图案的创新是一个不断发展的过程，它不仅可以带来更加丰富、多样的视觉效果，而且可以表达出更加独特、个性化的文化内涵。在现代，蜡染手工艺图案的创新也得到了广泛的应用和发展，成为一种重要的艺术表现形式。

色彩创新设计：在传统的蜡染手工艺中，使用的染料通常是天然的植物染料，如藤黄、茜草、木槿花等。这些染料可以产生丰富的色彩，但是受限于染料的来源，色彩的种类和数量都比较有限。随着科技的进步和化学染料的出现，蜡染手工艺的色彩创新也得到了很大的发展。现代的蜡染手工艺中，人们使用各种各样的染料和颜料，包括化学染料、合成染料、金属染料、荧光染料等，不仅可以产生更加鲜艳、明亮的色彩，而且可以产生更加丰富、多样的色彩组合。在蜡染手工艺的创新中，人们还可以使用各种各样的技巧，如叠色、渐变、拼接等，来创造更加独特、个性化的色彩效果。除了染料和技巧的创新外，现代的蜡染手工艺还可以使用各种各样的织物材料，如棉、麻、丝、毛等，来创造不同的色彩效果。不同的织物材料有着不同的吸染性和质感，可以带来更加丰富、多样的色彩体验。总的来说，蜡染手工艺的色彩创新是一个不断发展的过程，它不仅可以带来更加丰富、多样的色彩效果，而且可以带来更加独特、个性化的艺术体验。在现代，蜡染手工艺的色彩创新也得到了广泛的应用和发展，成了一种重要的艺术表现形式。

风格创新设计：在蜡染手工艺的风格创新中，人们可以结合现代技术，如数码印刷、3D打印等，来创造更加独特、个性化的图案效果。这些技术的应用，不仅可以提高蜡染手工艺的生产效率，而且可以创造出更加丰富、多样的图案效果，进一步丰富蜡染手工艺的风格创新。总的来说，蜡染手工艺的风格创新是一个不断发展的过程，它不仅可以带来更加丰富、多样的视觉效果，而且可以表达出更加独特、个性化的文化内涵。在现代，蜡染手工艺的风格创新也得到了广泛的应用和发展，成为一种重要的艺术表现形式。未来，随着技术的不断发展和人们审美观念的变化，蜡染手工艺的风格创新将会继续不断发展，为人们带来更加丰富、多样的艺术体验。

二 手工艺印染图案项目文创设计效果展示

（一）扎染图案文创设计

1. 传统扎染图案文创服装设计（图2-1~图2-12）

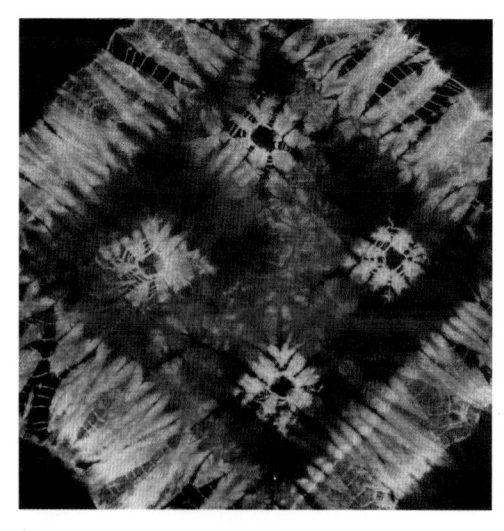

图2-1　传统扎染图案1

图2-2　传统扎染图案文创服装设计1

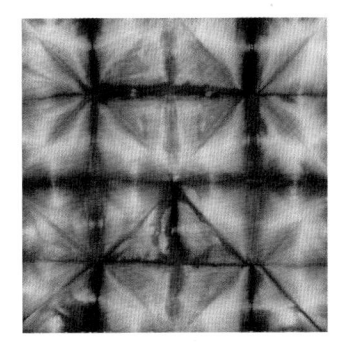

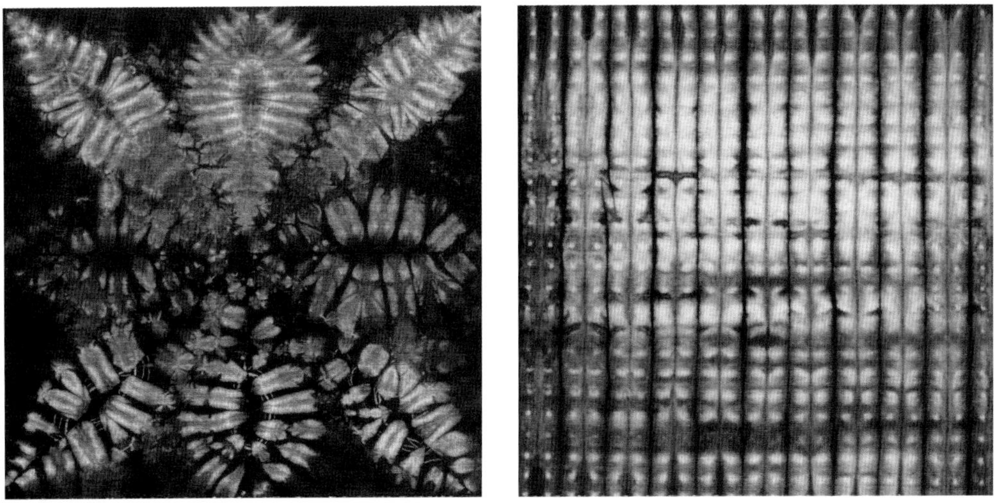

图2-3 传统扎染图案2

图2-4 传统扎染图案文创服装设计2 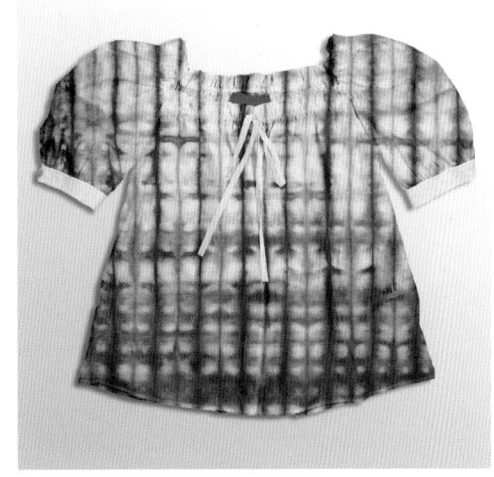　　　图2-5 传统扎染图案文创服装设计3

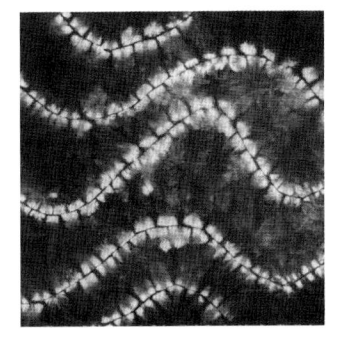

图2-6 传统扎染图案3

项目二　手工艺印染图案文创产品设计　｜　039

图2-7 传统扎染图案文创服装设计4

图2-8 传统扎染图案文创服装设计5

图2-9 传统扎染图案文创服装设计6

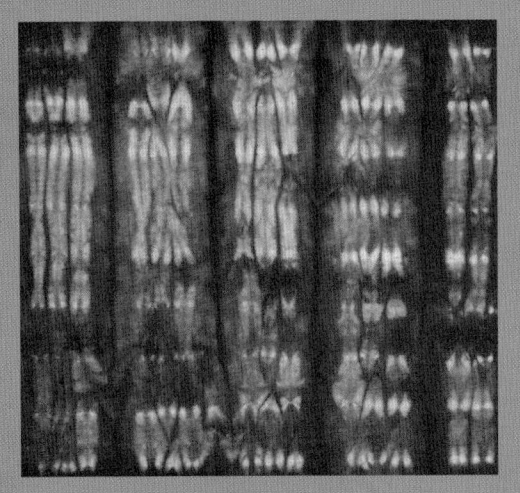

图2-10　传统扎染图案4

图2-11　传统扎染图案文创服装设计7

图2-12　传统扎染图案文创服装设计8

项目二　手工艺印染图案文创产品设计　041

2. 传统扎染图案文创女裙设计（图2-13~图2-26）

图2-13　传统扎染图案文创女裙设计1

图2-14　传统扎染图案文创女裙设计2

图2-15　传统扎染图案文创女裙设计3

图2-16　传统扎染图案文创女裙设计4

图2-17　传统扎染图案文创女裙设计5

图2-18　传统扎染图案文创女裙设计6

图2-19　传统扎染图案文创女裙设计7

图2-20　传统扎染图案文创女裙设计8

项目二　手工艺印染图案文创产品设计 | 043

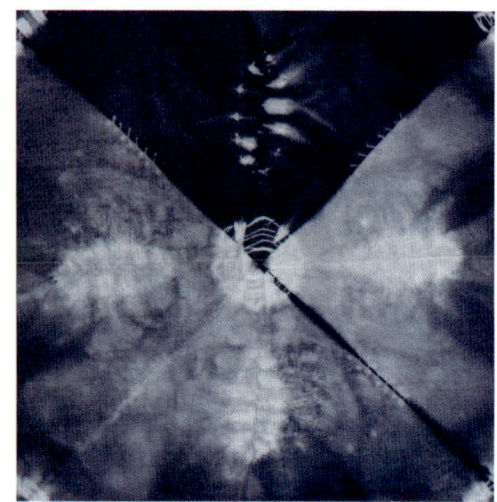

图 2-21 传统扎染图案 5

图 2-22 传统扎染图案文创女裙设计 9

044 | 中式元素文创产品设计与开发

图2-23 传统扎染图案文创女裙设计10

图2-24 传统扎染图案文创女裙设计11

项目二 手工艺印染图案文创产品设计 | 045

图2-25 传统扎染图案6

图2-26 传统扎染图案文创女裙设计12

3. 纯蓝扎染图案文创T恤设计（图2-27～图2-32）

图2-27　纯蓝扎染图案文创T恤设计1

图2-28　纯蓝扎染图案文创T恤设计2

图2-29　纯蓝扎染图案文创T恤设计3

图2-30　纯蓝扎染图案文创T恤设计4

图2-31　纯蓝扎染图案文创T恤设计5

图2-32　纯蓝扎染图案文创T恤设计6

048　中式元素文创产品设计与开发

4. 彩色扎染图案文创T恤设计（图2-33、图2-34）

图2-33　彩色扎染图案

图2-34 彩色扎染图案文创T恤设计

050 | 中式元素文创产品设计与开发

5. 彩色扎染图案文创抱枕设计（图2-35~图2-39）

图2-35　彩色扎染图案

图2-36　彩色扎染图案文创抱枕设计1

图2-37　彩色扎染图案文创抱枕设计2

图 2-38 彩色扎染图案文创抱枕设计 3

图 2-39 彩色扎染图案文创抱枕设计 4

052 | 中式元素文创产品设计与开发

6. 彩色扎染图案文创丝巾设计（图2-40~图2-44）

图2-40　彩色扎染图案文创丝巾设计1

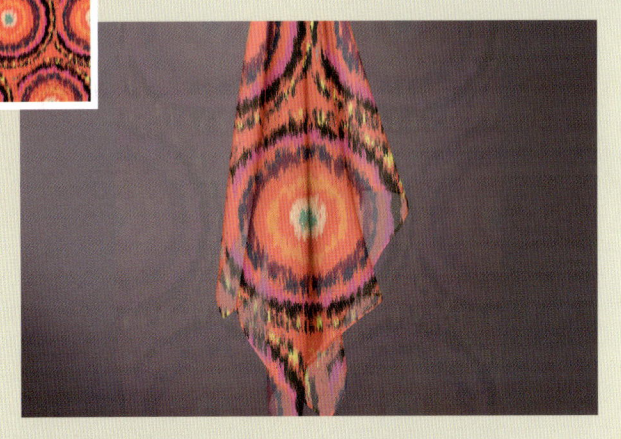

图2-41　彩色扎染图案文创丝巾设计2

图2-42　彩色扎染图案文创丝巾设计3

图 2-43　彩色扎染图案文创丝巾设计 4

图 2-44　彩色扎染图案文创丝巾设计 5

054 | 中式元素文创产品设计与开发

（二）蜡染图案文创设计

1. 传统蜡染图案文创布包设计（图2-45~图2-49）

图2-45　传统蜡染图案文创布包设计1

图2-46　传统蜡染图案文创布包设计2

图2-47 传统蜡染图案文创布包设计3

图2-48 传统蜡染图案文创布包设计4

图2-49 传统蜡染图案文创布包设计5

056 | 中式元素文创产品设计与开发

2. 传统蜡染图案文创抱枕设计（图2-50～图2-52）

图2-50　传统蜡染图案文创抱枕设计1

图2-51　传统蜡染图案

图2-52　传统蜡染图案文创抱枕设计2

3. 传统蜡染图案文创丝巾设计（图2-53~图2-57）

图2-53　传统蜡染图案文创丝巾设计1

图2-54　传统蜡染图案丝巾设计2

图2-55 传统蜡染图案

图2-56 传统蜡染图案文创丝巾设计3

项目二 手工艺印染图案文创产品设计 | 059

图 2-57　传统蜡染图案文创丝巾设计 4

4. 传统蜡染图案文创女装设计（图2-58～图2-64）

图2-58　传统蜡染图案文创女裙设计1 　　　图2-59　传统蜡染图案文创女裙设计2

图2-60　传统蜡染图案文创女裙设计3 　　　图2-61　传统蜡染图案文创女裙设计4

图2-62 传统蜡染图案文创女休闲装设计1

图2-63 传统蜡染图案文创女休闲装设计2 　　图2-64 传统蜡染图案文创女休闲装设计3

5. 着色蜡染图案文创女裙设计（图2-65~图2-67）

图2-65　着色蜡染图案文创女裙设计1

图2-66　着色蜡染图案文创女裙设计2

图2-67　着色蜡染图案文创女裙设计3

6. 纯蓝蜡染图案文创运动鞋设计（图2-68～图2-70）

图2-68　纯蓝蜡染图案文创运动鞋设计1

图2-69　纯蓝蜡染图案文创运动鞋设计2

图2-70　纯蓝蜡染图案文创运动鞋设计3

7. 纯蓝蜡染图案文创布包设计（图2-71、图2-72）

图2-71　纯蓝蜡染图案文创布包设计1

图2-71　纯蓝蜡染图案文创布包设计2

（三）手工艺元素文创海报及户外展示设计（图2-73~图2-79）

图2-73　民间手工艺海报设计1

图2-74　民间手工艺海报户外展示设计1

图2-75　民间手工艺海报设计2

图2-76　民间手工艺海报户外展示设计2

图2-77　民间手工艺海报设计3

图2-78　民间手工艺海报设计4

项目二　手工艺印染图案文创产品设计 ｜ 067

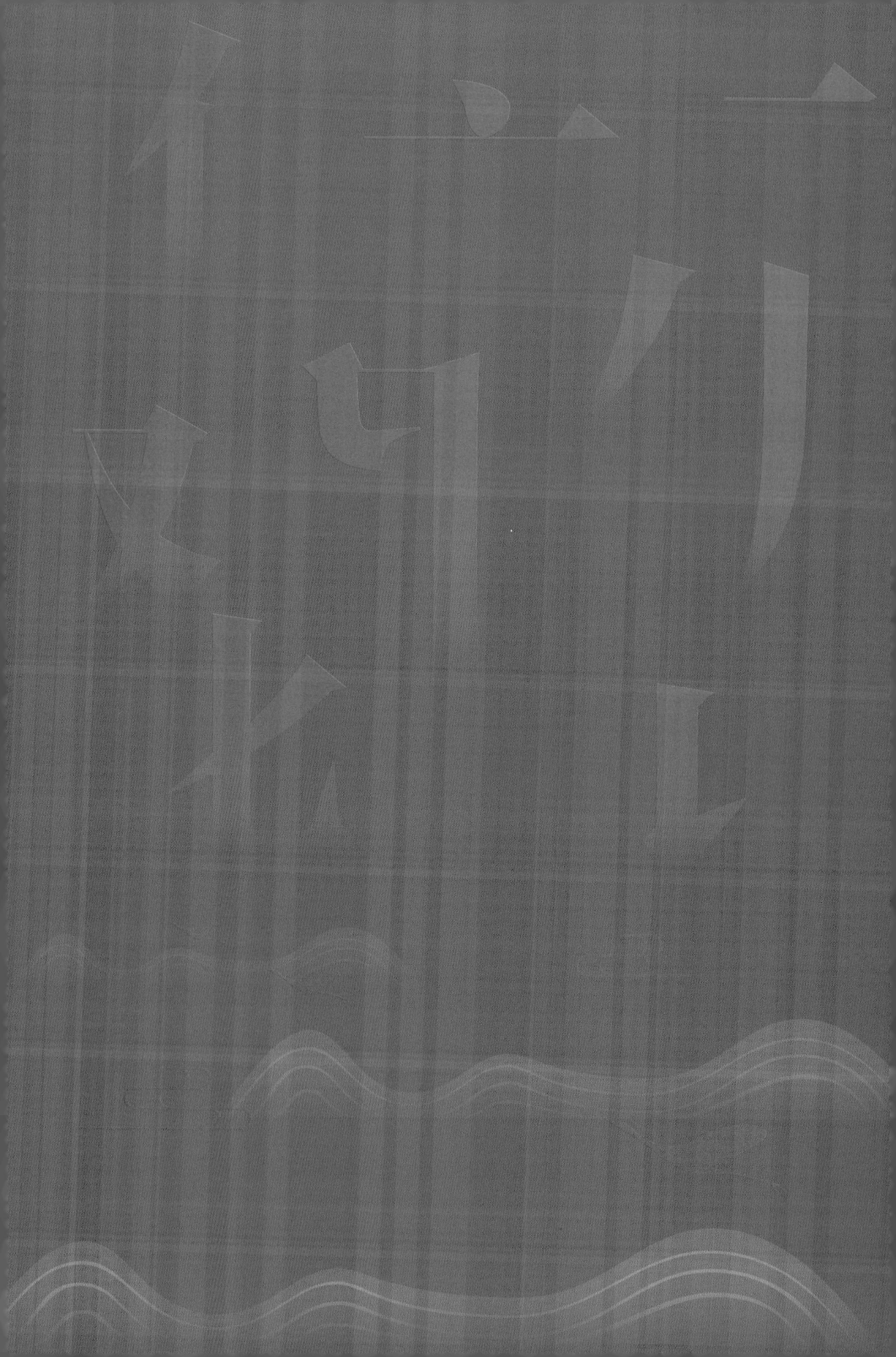

项目三 "遇见非遗、国潮来袭"文创产品设计

一 "吉庆喜福"文创产品项目综述

（一）项目背景

杨柳青年画是中国传统的民间绘画形式，起源于山东省的杨柳青村。杨柳青年画以鲜艳的色彩和细腻的线条表现力著称，通常以水墨画、木版画和彩画等形式呈现。这种绘画形式通常描绘了农村生活、传统节日、民间故事和神话传说等主题，反映了人民的喜怒哀乐和其对美好生活的向往。杨柳青年画在历史上经历了数百年的发展，不断吸收其他绘画形式的技巧和特色，形成了独特的艺术风格。这种绘画形式以色彩鲜艳、线条流畅和表现力细腻为特点。画家们善于运用水墨、木版和彩画等不同的材料和技法，创造出独具风格的作品。

杨柳青年画的艺术特征主要表现在以下几个方面。

（1）鲜艳的色彩：杨柳青年画以鲜艳的色彩为主，形成了独特的色彩风格。画家们运用红、黄、蓝等明亮的颜色，营造出生动、活泼的画面。

（2）细腻的线条：杨柳青年画以细腻的线条勾勒图像，注重线条的流畅和变化。画家们运用线条的粗细、曲直和变化来描绘物体的形态和表情。

（3）生动的表现：杨柳青年画注重表现物体的动态和情感，画家们通过绘制人物的姿态、面部表情，以及物体的形态和特征来传达信息。

（4）传统的题材：杨柳青年画多以农村生活、传统节日、民间故事和神话传说等为题材，反映了人民的喜怒哀乐和对美好生活的向往。

（二）文化内涵

杨柳青年画里的娃娃是中国传统文化的代表之一。娃娃通常被视为吉祥物，代表着幸福、健康和长寿。在中国文化中，娃娃也象征着家庭的和谐与幸福，因此，在许多家庭中都会摆放娃娃来祈求好运。

杨柳青年画里的娃娃也常常被用来祈求丰收和好运。在农村地区，人们会在农历新年或者农历七月的鬼节制作娃娃，然后挂在门口或者放在祭台上。这是因为娃娃也被认为是一种能够驱邪避灾的物品，能够保佑家庭平安。

杨柳青年画里的娃娃还代表了人们对于子女的期望和爱。因为娃娃在中国文化中也代表着孩子，所以人们希望自己的孩子能够健康成长、一生幸福。此外，娃娃还象征着积极向上的生活态度和美好的生活品质。

（三）福娃图案在文创设计中的创新应用

杨柳青福娃图案是中国传统文化中的一个重要元素，它代表着幸福和吉祥。在文创设计中，杨柳青福娃图案被广泛应用，成为具有中国特色的文创产品的重要元素。

首先，杨柳青福娃图案在文创设计中的创新应用可以为文化产品注入独特的中国文化气息。例如，在文化礼品的设计中，设计师可以将杨柳青福娃图案与其他中国传统文化元素相结合，如与中国结、年画、瓷器等相结合，创造出多样性的文化礼品，这些元素都是中国传统文化的重要符号，融合在一起可以产生强烈的文化共鸣和艺术观赏价值，与中国传统的剪纸艺术相结合，制作出精美的剪纸福娃文化礼品，不仅可以展示杨柳青年画的独特魅力，还能体现中国传统文化的精髓。

其次，杨柳青福娃图案在文创设计中的创新应用可以为文化产业注入新的活力。随着文化产业的发展，人们对文化产品的需求越来越多，同时也对文化产品的创新和质量提出了更高的要求。在这种背景下，通过创新运用杨柳青福娃图案，促进了文化产品的创新和进步。

最后，杨柳青福娃图案在文创设计中的创新应用可以促进文化交流和文化融合。随着全球化的发展，各国之间的文化交流越来越频繁。在这种背景下，杨柳青福娃图案可以作为中国文化的重要代表，促进文化交流和跨文化融合。例如，在文化节庆活动中，杨柳青福娃图案可以作为文化展示的重要元素，向外界展示中国传统文化的魅力和内涵。

综上所述，杨柳青福娃图案在文创设计中的创新应用具有广泛的前景和深远的意义。它不仅可以为文化产品注入独特的中国文化气息，还可以为文化产业注入新的活力，促进文化交流和文化融合，为中国传统文化的传承和创新做出贡献。

二、"吉庆喜福"文创设计构想

（一）图案寓意表达

"吉庆喜福"是中国传统文化中的重要概念，福娃、灵芝、福字、喜鹊、牡丹、蝙蝠、寿桃、石榴等符号代表吉祥、幸福、繁荣和长寿的意义，人们常常以它们为图案和装饰元素，表达对美好生活的追求和祝福。在文化创意设计中，设计师可以运用吉庆喜福的元素和图案传达出以下寓意。

（1）吉祥如意：表达祝福和吉祥如意的寓意，这些图案代表着好运和幸福，希望人们在生活中能够顺遂和幸福。

（2）团圆美满：福娃图案中可以表现出家庭团聚和幸福的场景。设计师可以以福娃为中心，周围围绕着家人、亲朋好友的形象，表达家庭团圆和幸福的寓意，这样的图案寓意着人们团聚在一起的喜悦和幸福。

（3）幸福安康："吉庆喜福"的图案可以描绘出富贵繁荣的景象。设计师可以以福娃为主体，配以健康长寿的象征，如寿桃、瑞兽等，表达幸福和健康的寓意，这样的图案寓意着人们希望身体健康、幸福安康。吉庆喜福的文创设计可以通过图案和寓意的表达，传达出幸福、吉祥、团圆和繁荣等正能量。通过这样的设计作品，可以让人们在日常生活中感受到美好的情感和幸福的氛围，体验中国传统文化的魅力和价值。

（二）设计构思

现代与传统的融合：在"吉庆喜福"文创设计中，我们将传统福娃图案与现代设计理念相融合。通过现代的设计手法和创意思维，将传统福娃图案进行演绎和重构，呈现出新中式的风格。

创新的视觉效果：尝试用不同的福娃组合和排列方式，以达到更好的视觉效果。通过将传统元素与现代元素相结合，创造出独特的图案设计，使作品更加现代化、独特化。

文化气息的注入：将这些图案应用于文创产品中，如礼服设计、丝巾设计等，可以为产品增添浓郁的文化气息。这些图案既传承了传统文化，又展现了对创新的态度，体现了融汇古今、兼容并蓄的开放性文化态度。

通过以上设计手法和创新思路，我们将"吉庆喜福"文创设计注入现代元素，创造出独特而富有艺术感的作品，展示了传统文化的传承与创新的态度。

三 "吉庆喜福"项目文创设计效果展示

（一）"吉庆喜福"图案设计系列（图3-1）

图3-1

图3-1 "吉庆喜福"图案设计

074 ｜ 中式元素文创产品设计与开发

（二）"吉庆喜福"图案文创丝巾设计（图3-2）

图3-2

项目三 "遇见非遗、国潮来袭"文创产品设计 | 075

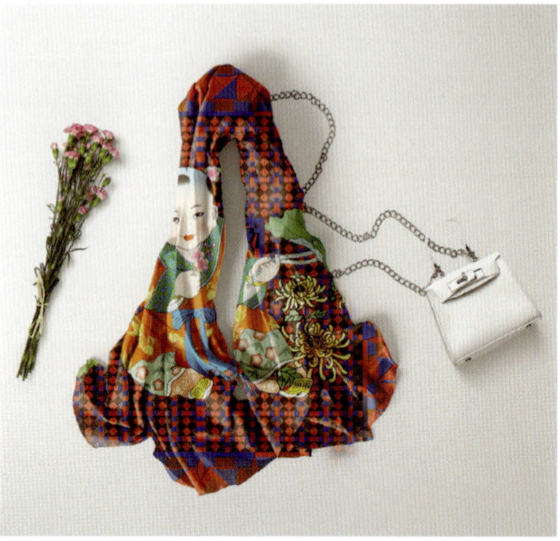
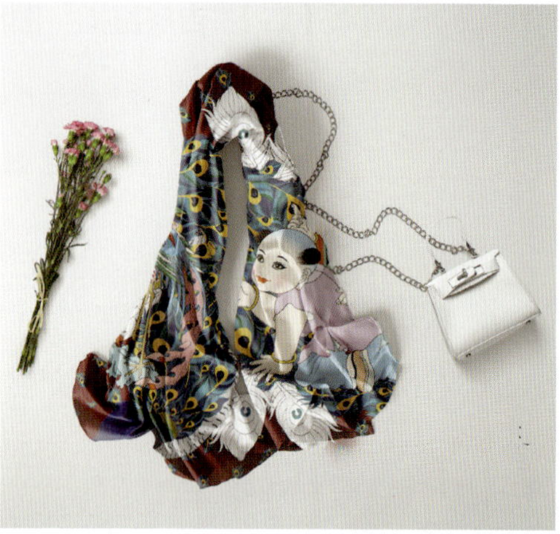
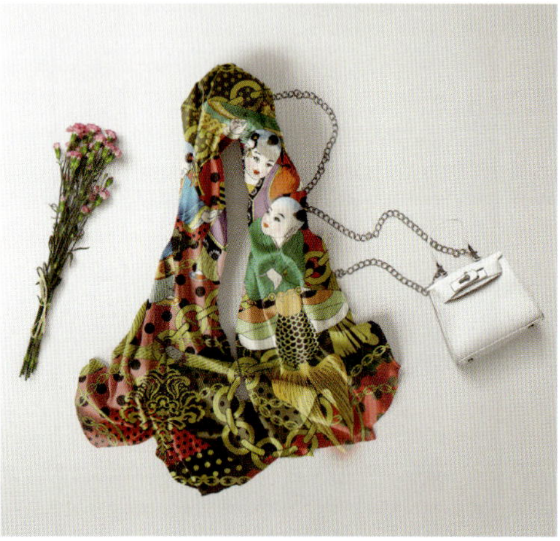
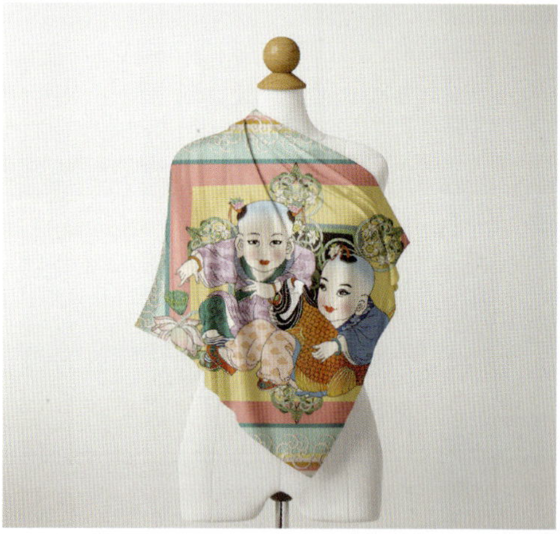
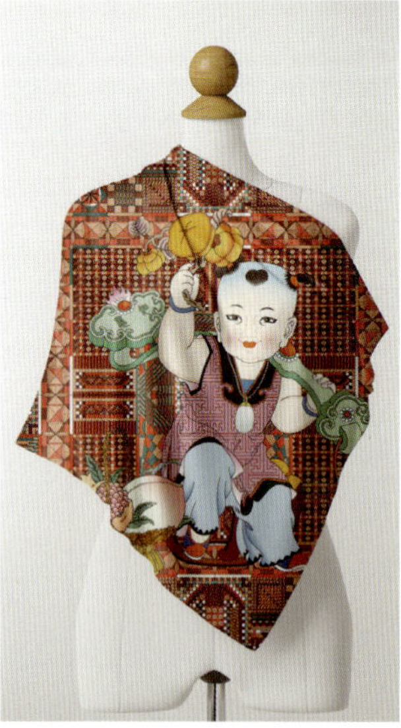
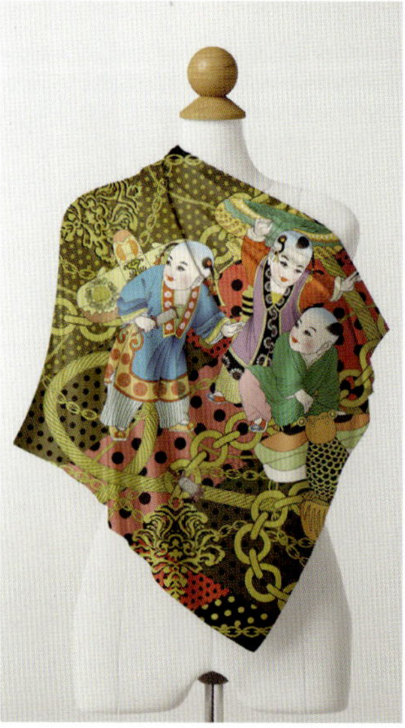
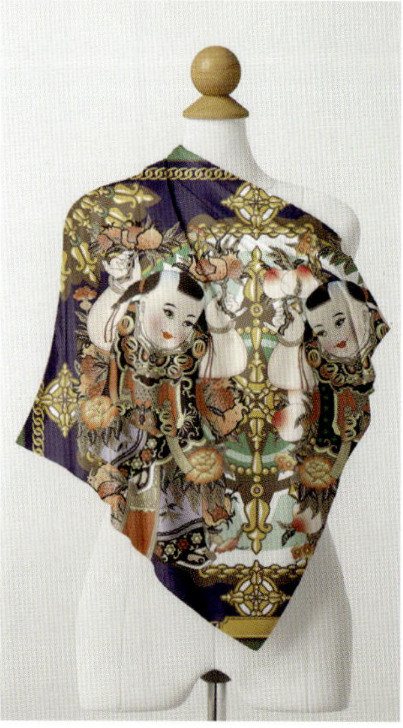

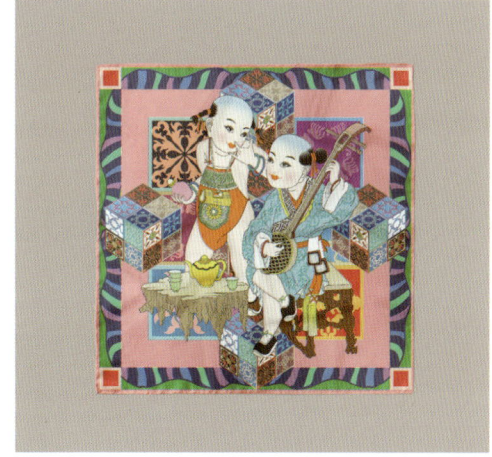

图3-2

项目三 "遇见非遗、国潮来袭"文创产品设计 | 077

图3-2 "吉庆喜福"图案文创丝巾设计

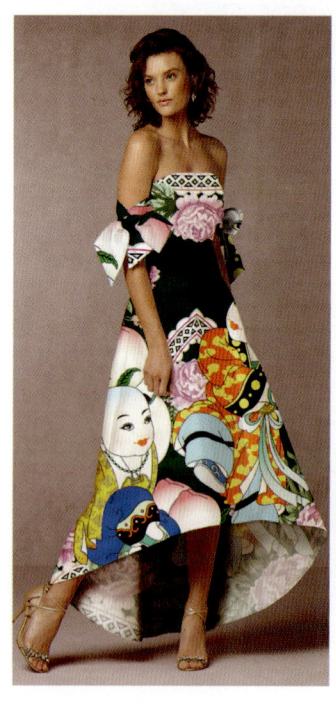

（三）"吉庆喜福"图案文创礼服设计（图3-3）

图3-3 "吉庆喜福"图案文创礼服设计

项目三 "遇见非遗、国潮来袭"文创产品设计 | 079

（四）"吉庆喜福"文创海报设计（图3-4）

"吉庆喜福"以中国传统年画中的福娃为主体，表现中国古代对传宗接代的重视。民间一直有"多子多福"的观念，年画中的娃娃寄托着人们对家族人丁兴旺、多子多福的美好期盼。中国传统年画常用谐音寓意和事物特征寓意两种创作方法，谐音寓意如喜鹊登梅寓意喜上眉梢；事物特征寓意如桃、荷、菊、梅寓意四季平安，佛手、桃、石榴寓意多子、多福、多寿，牡丹花寓意富贵，菊花象征吉祥，百合花象征夫妻百年好合。此海报设计综合运用这两种方法，取其谐音，表达美好祝愿。不同的年画寓意不同，但都代表了百姓们的美好愿望。

吉庆喜福

遇见非遗、国潮来袭 2022

080 ｜ 中式元素文创产品设计与开发

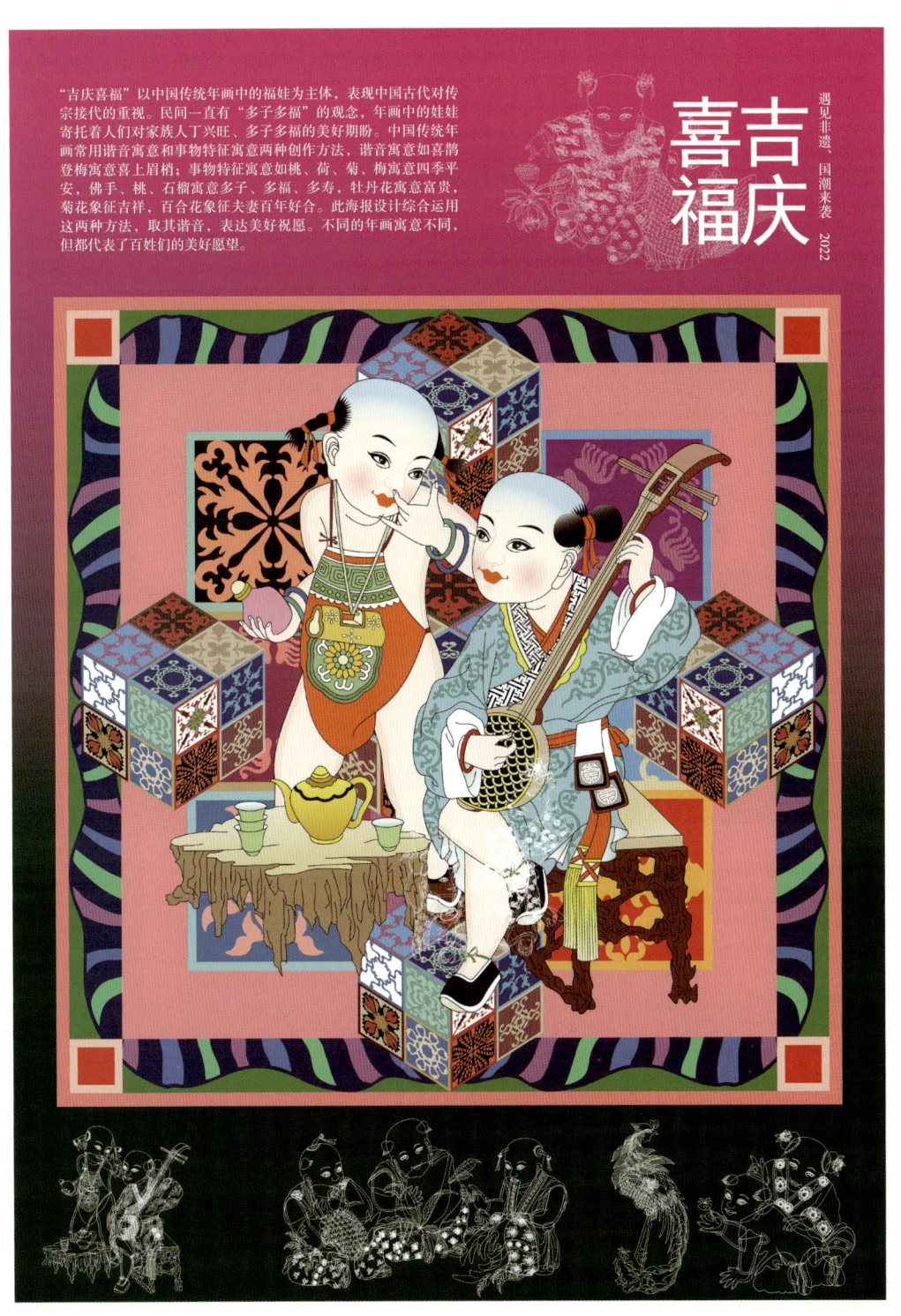

"吉庆喜福"以中国传统年画中的福娃为主体，表现中国古代对传宗接代的重视。民间一直有"多子多福"的观念，年画中的娃娃寄托着人们对家族人丁兴旺、多子多福的美好期盼。中国传统年画常用谐音寓意和事物特征寓意两种创作方法，谐音寓意如喜鹊登梅寓意喜上眉梢；事物特征寓意如桃、荷、菊、梅寓意四季平安，佛手、桃、石榴寓意多子、多福、多寿，牡丹花寓意富贵，菊花象征吉祥，百合花象征夫妻百年好合。此海报设计综合运用这两种方法，取其谐音，表达美好祝愿。不同的年画寓意不同，但都代表了百姓们的美好愿望。

喜吉庆福

遇见非遗、国潮来袭 2022

图3-4

项目三 "遇见非遗、国潮来袭"文创产品设计 | 081

"吉庆喜福"以中国传统年画中的福娃为主体，表现中国古代对传宗接代的重视。民间一直有"多子多福"的观念，年画中的娃娃寄托着人们对家族人丁兴旺、多子多福的美好期盼。中国传统年画常用谐音寓意和事物特征寓意两种创作方法，谐音寓意如喜鹊登梅寓意喜上眉梢；事物特征寓意如桃、荷、菊、梅寓意四季平安，佛手、桃、石榴寓意多子、多福、多寿，牡丹花寓意富贵，菊花象征吉祥，百合花象征夫妻百年好合。此海报设计综合运用这两种方法，取其谐音，表达美好祝愿。不同的年画寓意不同，但都代表了百姓们的美好愿望。

吉庆喜福

遇见非遗、国潮来袭 2022

"吉庆喜福"以中国传统年画中的福娃为主体，表现中国古代对传宗接代的重视。民间一直有"多子多福"的观念，年画中的娃娃寄托着人们对家族人丁兴旺、多子多福的美好期盼。中国传统年画常用谐音寓意和事物特征寓意两种创作方法，谐音寓意如喜鹊登梅寓意喜上眉梢；事物特征寓意如桃、荷、菊、梅寓意四季平安，佛手、桃、石榴寓意多子、多福、多寿，牡丹花寓意富贵，菊花象征吉祥，百合花象征夫妻百年好合。此海报设计综合运用这两种方法，取其谐音，表达美好祝愿。不同的年画寓意不同，但都代表了百姓们的美好愿望。

吉庆喜福

遇见非遗、国潮来袭 2022

图3-4 "吉庆喜福"文创海报设计

项目三 "遇见非遗、国潮来袭"文创产品设计 | 083

（五）"吉庆喜福"文创海报户外展示（图3-5）

图3-5 "吉庆喜福"文创海报户外展示

项目三 "遇见非遗、国潮来袭"文创产品设计 | 085

四 "鲤跃龙门"文创产品项目综述

（一）项目背景

锦鲤源于中国传统文化，它具有丰富文化内涵和象征意义，通常有前程似锦、龙凤呈祥、五福临门等美好寓意，它代表着吉祥、幸福和财富。人们相信锦鲤是一种有灵性的鱼类，它象征着机遇，寓意"富贵、吉祥、健康和幸福"。锦鲤因为色彩绚烂，如水中牡丹，所以又称"富贵鱼""贵族鱼"。锦鲤也被视为和平、友谊的象征，它不仅给人以美的享受，还寓意吉祥欢乐、繁荣幸福，所以深受人们喜爱；鲤与利同音，自古以来，鲤鱼即被视为祥瑞之物。

（二）锦鲤的文化内涵演绎

（1）吉祥：锦鲤是中国传统文化中吉祥的象征，人们认为拥有锦鲤能够带来好运、幸福和财富。

（2）忍耐：锦鲤是一种鲤鱼，它需要在水中不断地游动，因此，人们认为锦鲤具有坚韧不拔的品质，希望自己在追求事业和生活的过程中也要具备这样的品质。

（3）成功：在中国传统文化中，锦鲤通常被认为代表着成功和成就，因为锦鲤在水中不断地向上游动，一旦成功跃过龙门，就会变为龙，象征着成功和升华。

（4）繁殖：锦鲤通常被视为一种繁殖力强的鱼类，因此在婚礼和生育方面被视为吉祥之物，人们相信锦鲤能够带来好孕和多子多孙。

总之，锦鲤图案作为中国传统文化的重要元素，具有吉祥、忍耐、成功和繁殖等丰富的文化内涵，它不仅是一种美丽的装饰图案，更是一种具有深刻文化意义的文化符号。

（三）锦鲤图案在文创设计中的创新应用

锦鲤是中国传统文化中的重要元素之一，它代表着吉祥、富贵和幸福。在文创设计中，锦鲤图案的应用非常广泛，不仅可以用于文化礼品的设计，还可以用于服装、家居用品等领域。下面，我们来谈谈锦鲤图案在文创设计中的创新应用。首先，锦鲤图案在文创设计中的设计思路应该注重传统文化的传承和创新。锦鲤作为中国传统文化的重要元素，具有深厚的文化内涵和历史渊源。在文创设计中，设计师应该尊重传统文化，同时也要注重创新，将传统文化与现代设计相结合，创造出具有现代感和时尚感的锦鲤图案。其次，在文化创意设计中，锦鲤图案的设计思路应侧重于色彩和构图的巧妙组合。锦鲤图案的色彩应该鲜艳明亮、富有活力，能够吸引人们的眼球。同时，设计师还应该注重将锦鲤图案与其他元素相结合，创造出具有层次感和美感的作品。再次，锦鲤图案在文创设计中的设计思路应该注重产品的实用性和观赏性。在文创设计中，锦鲤图案不仅要具有艺术性和观赏性，还要具有实用性。例如，在文化礼品的设计中，锦鲤图案可以被应用于各种实用性的产品，如茶具、文具、手机壳等，为产品注入独特的文化气息。最后，锦鲤图案在文创设计中的设计思路应该注重文化的传承和弘扬。锦鲤作为中国传统文化中的重要元素，具有深远的历史渊源，向外界展示中国传统文化的魅力和内涵。综上所述，锦鲤图案在文创设计中的设计思路应该注重传统文化的传承和创新、注重色彩和构图的搭配、注重产品的实用性和观赏性，以及注重文化的传承和弘扬。只有这样才能创造出具有独特文化气息和时尚感的锦鲤文创作品。

五　"鲤跃龙门"文创设计构想

在文创设计中，锦鲤图案与布艺结合作为设计灵感，结合现代设计理念，以及传统和现代技术手段，如绘画、刺绣、数码印刷、热转印等工艺等技术，创造出具有时尚感和传统文化气息的文创作品。

该系列作品以"鲤跃龙门"为主题，融合中国民间传统手工艺扎染、蜡染、蓝印花布等图案，运用现代多种设计手法，通过演绎和重构，赋予这些图案新中式的风格，将传统文化与现代设计完美结合。这些图案可应用于丝巾、服装、帆布包等文创产品中。如将锦鲤图案巧妙地融入丝巾设计中，通过精细的线条和色彩，展现出鲤鱼跃过龙门的动态和祥瑞之意。丝巾可以选择丝绸或其他高质量的面料，以呈现出细腻、柔软和光泽感，让人们在佩戴时能够感受到传统文化的独特魅力。让艺术走进生活，提倡生活美学，提升人们的生活品质，同时让中国的传统艺术形式在新时代焕发出它新的生命力，彰显文化自信心。

六　"鲤跃龙门"项目文创设计效果展示

（一）"鲤跃龙门"图案设计系列（图3-6）

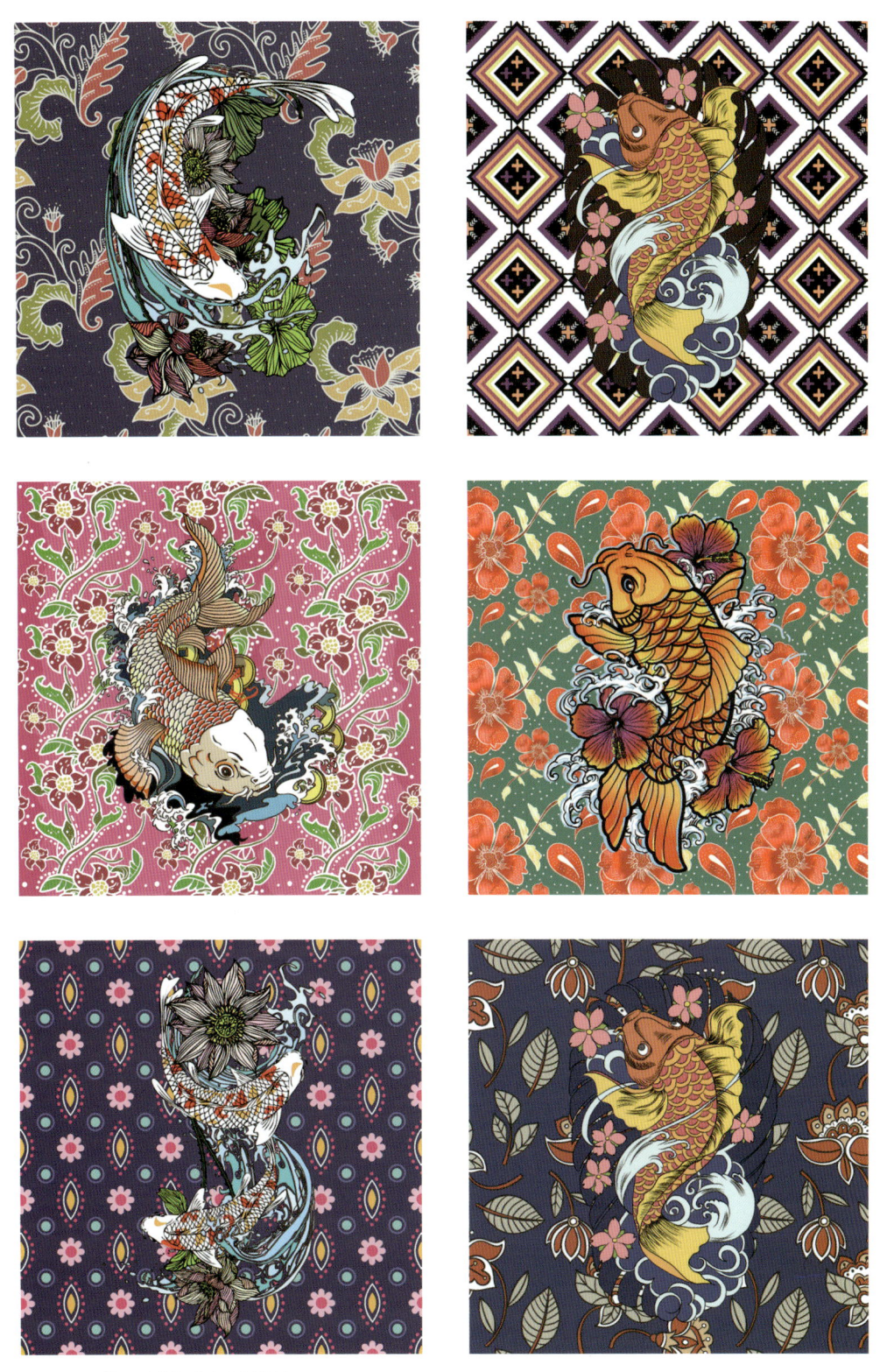

图3-6 "鲤跃龙门"图案设计

项目三 "遇见非遗、国潮来袭"文创产品设计 | 089

（二）"鲤跃龙门"图案文创丝巾设计（图3-7）

090 | 中式元素文创产品设计与开发

图3-7

项目三 "遇见非遗、国潮来袭"文创产品设计 | 091

092 | 中式元素文创产品设计与开发

图3-7

图3-7 "鲤跃龙门"图案文创丝巾设计

（三）"鲤跃龙门"图案文创服饰设计（图3-8）

图3-8

图3-8 "鲤跃龙门"图案文创服饰设计

（四）"鲤跃龙门"文创海报设计（图3-9）

本设计系列以"鲤跃龙门"为主题，以中国传统年画中的锦鲤图案为主体，人们相信鲤鱼是一种有灵性的鱼类。鲤鱼象征着机遇，象征"富贵、吉祥、健康和幸福"。锦鲤因为色彩绚烂，如水中牡丹，所以又称「富贵鱼」「贵族鱼」锦鲤被视为和平、友谊的象征，它不仅给人以美的享受，还寓意吉祥欢乐、繁荣幸福，所以深受人们喜爱。鲤与利同音，自古以来，鲤鱼也被视为祥瑞之物。

图3-9

鲤跃龙门

2022 遇见非遗、国潮来袭

本设计系列以"鲤跃龙门"为主题，以中国传统年画中的锦鲤图案为主体，人们相信鲤鱼是一种有灵性的鱼类，鲤鱼象征着机遇、象征富贵、吉祥、健康和幸福。锦鲤因为色彩绚烂，如水中牡丹，所以又称"富贵鱼""贵族鱼"。锦鲤被视为和平、友谊的象征，它不仅给人以美的享受，还寓意吉祥欢乐、繁荣幸福，所以深受人们喜爱。鲤与利同音，自古以来，鲤鱼也被视为祥瑞之物。

098　中式元素文创产品设计与开发

鲤跃龙门

2022 遇见非遗、国潮来袭

本设计系列以"鲤跃龙门"为主题，以中国传统年画中的锦鲤图案为主体。人们相信鲤鱼是一种有灵性的鱼类，鲤鱼象征着机遇，象征「富贵、吉祥、健康和幸福」。锦鲤因为色彩绚烂如水中牡丹，所以又称「富贵鱼」「贵族鱼」。锦鲤被视为和平、友谊的象征，它不仅给人以美的享受，还寓意吉祥欢乐、繁荣幸福。所以深受人们喜爱。鲤与利同音，自古以来，鲤鱼也被视为祥瑞之物。

图3-9

项目三 "遇见非遗、国潮来袭"文创产品设计 | 099

图3-9 "鲤跃龙门"文创海报设计

（五）"鲤跃龙门"文创海报户外展示（图3-10）

图3-10

图3-10 "鲤跃龙门"文创海报户外展示

102 | 中式元素文创产品设计与开发

项目四 民族图案文创产品设计

一 民族图案文创产品项目综述

（一）民族图案文创产品设计的核心理念

民族图案是中国传统文化的重要组成部分，是中国传统文化的珍贵遗产。自古以来，民族图案就被广泛应用于各种艺术领域，如绘画、雕塑、服饰、建筑等。近年来，随着文化产业的快速发展，越来越多人开始将民族图案应用于文创产品设计，推出了一系列具有中国传统文化特色的文创产品。

民族图案应用于文创产品设计，其核心理念是传承和展示民族文化。通过将民族图案融入文创产品设计，可以传达民族的历史、传统、价值观和审美观念，展示民族的独特魅力和艺术表达方式。在设计过程中，设计师们会深入研究民族图案的历史和文化背景，挖掘其中的文化内涵和艺术价值，并将其融入产品设计。通过对图案的重新演绎和再创作，设计师们将传统文化元素注入现代生活，创造出一系列富有创意和独特风格的文创产品。民族图案文创产品设计不仅具有很高的艺术价值，而且有很强的商业价值。随着国内外市场对中国文化的认可度不断提高，越来越多人开始关注和购买具有中国传统文化特色的文创产品。这些产品既满足了人们对于美的追求，也具有收藏和投资价值。在民族图案文创产品设计中，设计师们还注重将传统文化元素与现代科技相结合，创造出更加智能化和便捷的产品。

（二）民族图案的艺术特征

民族图案是中国传统文化的重要组成部分，是中华民族千百年来创造和积累的艺术宝库。其不仅是中华民族文化的独特符号，更是中国古代文化的精髓。民族图案的艺术特征主要体现在以下几方面。

一是富有象征意义。民族图案中的每一个元素都有其独特的象征意义，这些意义往往与中国传统文化的哲学思想和价值观念密切相关。例如，龙是中国传统文化中的象征，代表着权威和尊贵、吉祥和幸运；而云纹则代表着中国传统文化中的"天人合一"思想，寓意着人类与自然的和谐共处。这些象征意义内涵丰富，让人们可以从中感受到中国传统文化的深厚底蕴。

二是色彩鲜艳。民族图案中的色彩鲜艳、明亮，给人以视觉冲击力。这些色彩不仅具有美学上的价值，更是代表了中国传统文化中的吉祥和祥和之意。例如，红色是中国传统文化中的吉祥色彩，代表着喜庆和祥和；而黄色则是中国传统文化中的皇家色彩，代表着权力和尊贵。这些色彩的运用让民族图案更具有视觉冲击力和美学价值。

三是线条简洁。民族图案中的线条简洁、流畅，给人以舒适和优美的感受。简洁的线条让人们可以更加清晰地感受到图案的内涵和意义。例如，云纹中的线条简洁而流畅，寓意着天地之间的和谐共处；而龙纹中的线条则寓意着龙的神秘和力量。

四是造型独特。民族图案展现了中国传统文化的创造力和创新精神。例如，龙纹中的龙头造型独特、神秘，寓意着龙的神秘和力量；而云纹中的云朵造型则寓意着天地之间的和谐共处。造型的独特性让民族图案更具魅力。

（三）民族图案的文化内涵

民族图案是中国各民族文化中的重要元素之一，它代表着民族的传统文化、价值观念和审美特征。以下是一些民族图案的内涵。

（1）风水图案：风水图案是一种传统的民族图案，它代表着中国人的传统风水文化，如龙、凤、螭、麒麟等，这些图案代表着中国传统文化中吉祥、祥瑞、富贵等吉祥美好的寓意。

（2）绣花图案：绣花是一种传统的中国民间手工艺品，它代表着中国传统文化中的美好生活和文化传承，如荷花、牡丹、梅花等，这些图案代表着中国传统文化中的美好生活、文化传承等美好的寓意。

（3）族纹图案：各民族都有自己独特的族纹图案，如蒙古族的"天马"图案、壮族的"鼓手舞"图案等，这些图案代表着各民族的特有文化和传统风俗。

总之，民族图案作为中国各民族文化的重要元素，具有丰富的文化内涵和象征意义，它不仅是一种美丽的装饰图案，更是一种具有深刻文化意义的文化符号。

二 民族图案在文创设计中的创新应用

（一）项目背景

本项目以民族图案为主体，结合文化元素和创意设计，开发出具有艺术性和实用性的产品，这些产品可以涉及各个领域，如服装、饰品、手工艺、家居、日用品等。在民族图案文创产品设计中，设计师需要深入了解中国各民族的文化特色，包括但不限于传统服饰、传统手工艺、传统建筑、传统音乐等，创作出具有现代美感和民族文化气息的产品。在传承和展示民族文化设计理念的指导下，保护和传承民族文化遗产，兼顾促进文化交流和认同，增强民族自豪感和认同感。通过将民族图案应用于文创产品设计中，民族文化与现代生活相结合，创造出具有独特民族特色和现代审美的产品，提升产品的文化内涵和艺术价值，同时也可积极推动文化创意产业的发展和经济繁荣。

（二）民族图案文创产品设计类型

（1）民族风格服装：利用不同民族特有的服饰元素，如图案、色彩、绣花等，结合现代设计理念，创作出具有现代感和民族气息的服装，如T恤衫。

（2）日用品设计：利用民族图案，设计出具有中国特色的日用品，如帆布包、帆布鞋、休闲帽等。

（3）手工艺品：将传统的手工艺技术与现代设计相结合，创作出具有中华民族特色的手工艺品，如刺绣、剪纸、陶瓷等。

（4）饰品设计：利用民族特有的图案、器物元素等设计出具有中国风格的饰品，如耳环、项链、手链等。

（5）家居用品设计：利用民族元素，设计出具有民族特色的家居用品，如窗帘、地毯、桌布等。

总之，民族图案文创产品设计是一种富有创意和文化内涵的设计方式，它可以创造出具有中华民族特色的产品，带动文创产业的发展，展现中国传统文化的魅力。

（三）民族图案在文创设计中的创新应用

民族图案蕴含着丰富的文化内涵和历史文化底蕴。在文创产品设计中，民族图案被广泛应用，不仅可以展现中国传统文化的魅力，还可以为文创产品注入独特的文化气息，增强产品的文化内涵和市场竞争力。一方面，民族图案可以作为文创设计的灵感来源。设计师可以从传统的图案元素中提取灵感，创作出具有现代感和时尚感的设计作品。例如，将传统的图案元素进行简化和重组，设计出具有独特韵味的文创产品。同时，民族图案也可以作为文创设计的装饰元素，为产品增加美观度和艺术性。例如，在服装、家居用品等领域，设计师可以将民族图案运用于绣花、印花、刺绣、数码印花等工艺中，创作出具有独特风格的文创产品。另一方面，民族图案也可以作为文创设计的文化符号。在文化产品的设计中，民族图案可以作为文化符号的载体，传递出深厚的文化内涵。例如，在文化衍生品中，设计师可以将民族图案与中国传统文化的故事、传说相结合，创作出具有文化内涵的文创产品。这些产品不仅具有艺术性和观赏性，还具有教育性和文化传承的意义。此外，民族图案在文创设计中的应用还可以促进文化交流和文化融合。例如，在文化礼品的设计中，设计师可以将民族图案与其他国家的文化元素相结合，创作出具有跨文化特色的文创产品。总之，民族图案在文创设计中的创新应用具有广泛的应用前景和深远的意义，其不仅可以为文创产品注入独特的文化气息，还可以促进文化交流和文化融合，为中国传统文化的传承和创新做出贡献。

（四）设计构思

该系列主要通过中式图案所蕴含的设计元素，与文创产品的设计相结合，充分发挥中式图案的衍生性。应用不同类型和风格的中式图案，案例展示了如何运用中式图案进行创新设计，实现传统文化创意产品开发。

本次设计系列包括风水图案文创设计、绣花图案文创设计、族纹图案文创设计、传统花卉图案文创设计、少数民族传统图案如扎染、蜡染手工艺图案文创设计等类型，每个系列均选取了典型图案，风格鲜明、纹饰精美且古典、色彩饱满，既保留了传统艺术特征，又兼具时代感，符合当代人的审美眼光，与生活用品相结合，如丝巾、休闲鞋、布包、帽子、服装、抱枕等，打造出一系列具有独特魅力和吸引力的文创产品，挖掘和提升手工艺品本身价值以及使用价值。

　　对传统元素进行提炼，并应用图形纹样、色彩、材料质感、表现技法等要素，能够使文创产品具有丰富的民族文化特色，可以为消费者提供较好的视觉感受和情感体验，让人们在日常生活中体验到传统知识和精神上的丰富滋养，满足广大人民群众对中国传统文化和美好生活的向往。

三　民族图案项目文创设计效果展示

（一）传统拼接图案文创T恤衫设计

1. 传统拼接图案设计（图4-1）

图4-1　传统拼接图案设计

2. 传统拼接图案文创T恤衫设计（图4-2）

图4-2

图4-2 传统拼接图案文创T恤衫设计

（二）民族图案文创口罩设计

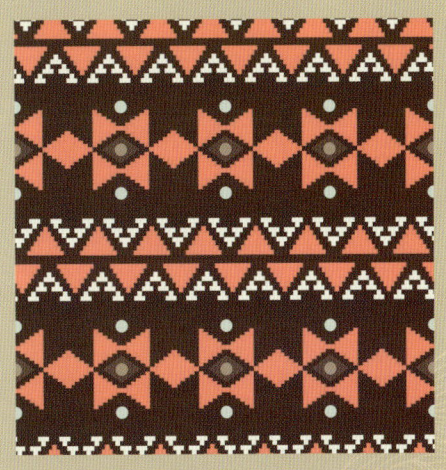

1. 民族风图案设计（图4-3）

图4-3

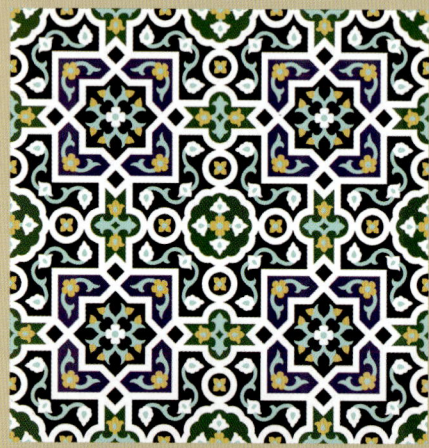

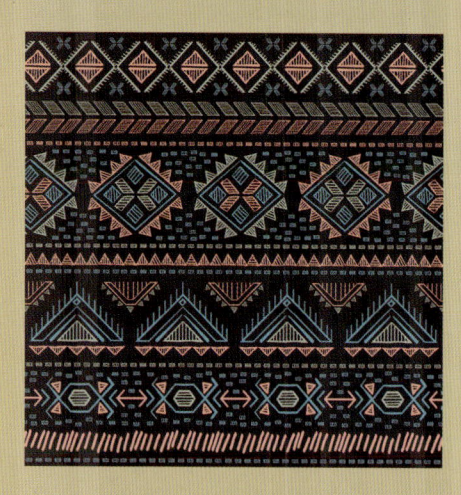

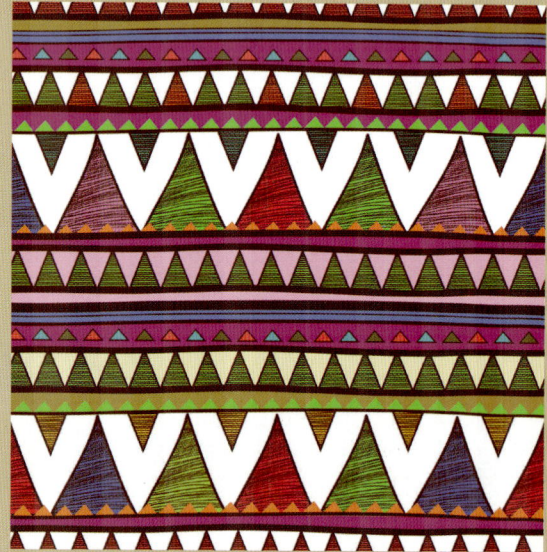

112 | 中式元素文创产品设计与开发

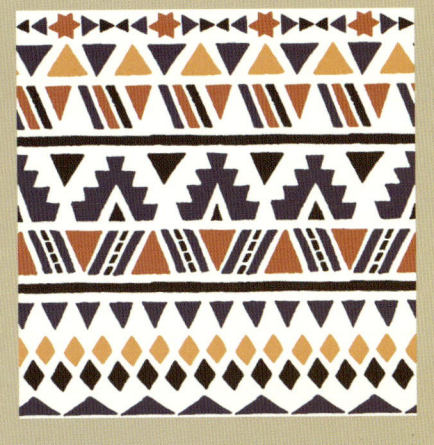

图4-3 民族风图案设计

2. 民族图案文创口罩设计（图4-4）

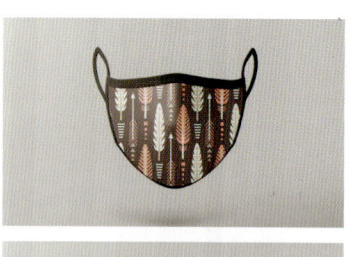

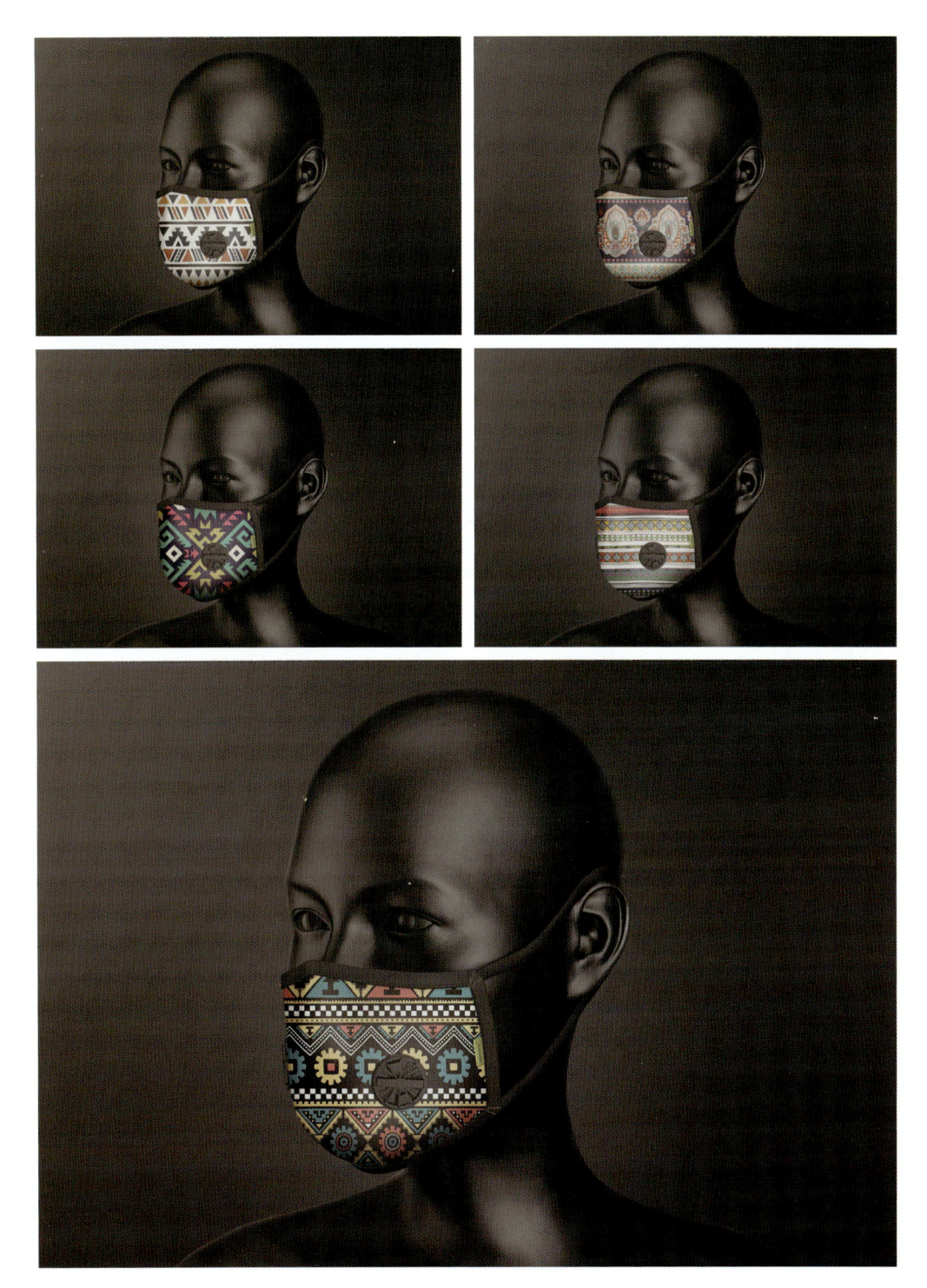

图4-4

116 | 中式元素文创产品设计与开发

图4-4 民族风图案文创口罩设计

（三）民族图案文创抱枕设计（图4-5～图4-10）

图4-5　民族风图案及文创抱枕设计1

图4-6　民族风图案及文创抱枕设计2

图4-7　民族风图案及文创抱枕设计3

图4-8　民族风图案及文创抱枕设计4

项目四　民族图案文创产品设计 | 119

图4-9　民族风图案及文创抱枕设计5

图4-10　民族风图案及文创抱枕设计6

（四）民族图案文创丝巾设计（图4-11~图4-20）

图4-11　民族风图案及文创丝巾设计1

图4-12　民族风图案及文创丝巾设计2

图4-13　民族风图案及文创丝巾设计3

图4-14　民族风图案及文创丝巾设计4

图4-15 民族风图案及文创丝巾设计5

图4-16 民族风图案及文创丝巾设计6

项目四 民族图案文创产品设计 | 123

图4-17 民族风图案及文创丝巾设计7

图4-18 民族风图案及文创丝巾设计8

124 | 中式元素文创产品设计与开发

图4-19 民族风图案及文创丝巾设计9

图4-20 民族风图案及文创丝巾设计10

项目四 民族图案文创产品设计 | 125

（五）传统经典刺绣图案文创抱枕设计

1. 传统经典刺绣图案（图4-21）

图4-21

图4-21 传统经典刺绣图案

128 | 中式元素文创产品设计与开发

2. 传统刺绣图案文创抱枕设计（图4-22）

图4-22

图4-22 传统刺绣图案文创抱枕设计

（六）民族图案及刺绣图案文创海报设计

1. 民族图案文创海报设计（图4-23）

图4-23

民族图案是中国传统文化的重要组成部分，是中华民族千百年来创造和积累的艺术宝库。它们不仅是中华民族文化的精髓。民族图案的艺术特征主要体现在以下两个方面。一是富有象征意义。民族图案中的每一个元素都有其独特的象征意义，这些意义往往与中国传统文化的哲学思想和价值观念密切相关。例如云纹代表中国传统文化中的"天人合一"思想，寓意着人类与自然的和谐共处。这些象征意义的内涵丰富，让人们可以从中感受到中国传统文化的深厚底蕴。二是色彩鲜艳。民族图案的色彩鲜艳、明亮，给人以视觉冲击力。这些极具美学价值的色彩让中国传统文化中蕴含了吉祥和美好之意。

手作之美

民族图案是中国传统文化的重要组成部分，是中华民族千百年来创造和积累的艺术宝库。它们不仅是中华民族文化的独特符号，更是中国古代文化的精髓。民族图案的艺术特征主要体现在以下两个方面：一是富有象征意义。民族图案中的每一个元素都有其独特的象征意义，这些意义往往与中国传统文化的哲学思想和价值观念密切相关。例如云纹代表中国传统文化中的"天人合一"思想，寓意着人类与自然的和谐共处。这些象征意义的内涵丰富，让人们可以从中感受到中国传统文化的深厚底蕴。二是色彩鲜艳。民族图案的色彩鲜艳、明亮，给人以视觉冲击力，这些极具美学价值的色彩让中国传统文化中蕴含了吉祥和美好之意。

手作之美

民族图案是中国传统文化的重要组成部分,是中华民族千百年来创造和积累的艺术宝库。它们不仅是中华民族文化的独特符号,更是中国古代文化的精髓。民族图案的艺术特征主要体现在以下两个方面。一是富有象征意义。民族图案中的每一个元素都有其独特的象征意义,这些意义往往与中国传统文化的哲学思想和价值观念密切相关。例如云纹代表中国传统文化中的"天人合一"思想,寓意着人类与自然的和谐共处。这些象征意义的内涵丰富,让人们可以从中感受到中国传统文化的深厚底蕴。二是色彩鲜艳。民族图案的色彩鲜艳、明亮,给人以视觉冲击力。这些极具美学价值的色彩让中国传统文化中蕴含了吉祥和美好之意。

图4-23

项目四 民族图案文创产品设计 | 133

图4-23 民族图案文创海报设计

2. 刺绣图案文创海报设计（图4-24）

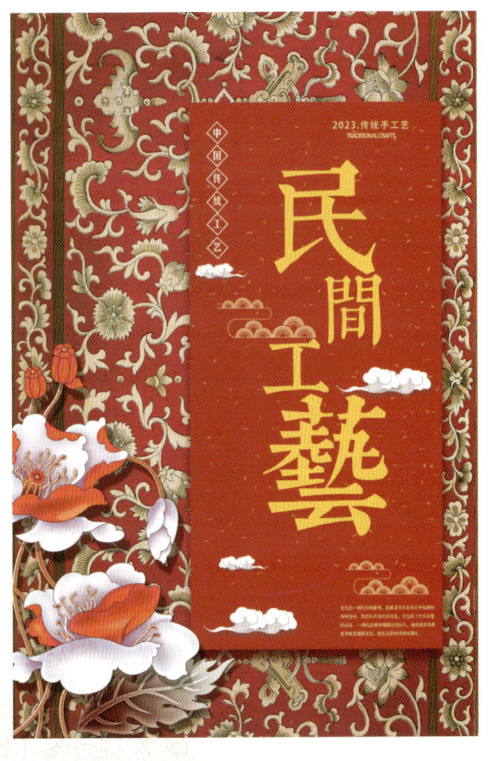

图4-24　刺绣图案文创海报设计

（七）民族图案文创海报户外展示（图4-25）

图4-25　民族图案文创海报户外展示

项目五 敦煌主题纹样文创产品设计

一 敦煌主题纹样文创产品项目综述

（一）项目背景

本项目从敦煌飞天图、敦煌藻井图案中提取元素并进行再设计，将其应用于丝巾、帆布包、卫衣、T恤等日常用品。以敦煌主题文创产品开发为例，诠释图案元素在文创产品中的应用思路与价值体现。

（二）敦煌壁画的艺术特征

敦煌壁画是中国古代艺术的瑰宝，具有以下几个艺术特征。

（1）鲜明的题材特点：敦煌壁画的题材广泛，包括佛教故事、历史传说、宫廷生活、民间故事等，这些题材丰富多样，反映了当时社会的各个方面。

（2）精湛的绘画技法：敦煌壁画采用了丰富的绘画技法，包括线描、水彩、设色等，画家运用细腻的线条和鲜艳的色彩，使壁画形象生动、立体，给人以强烈的视觉冲击力。

（3）独特的构图和透视：敦煌壁画的构图严谨而富有变化，画面布局合理，注重透视效果的运用，画家通过透视的手法，使画面更具立体感，增强了观赏者的沉浸感。

（4）丰富的装饰性：敦煌壁画注重装饰性的表现，画家运用了各种花纹、图案和装饰元素，使画面更加华丽、富有装饰性，这些装饰元素不仅美化了画面，还反映了当时社会的审美观念和文化特点。

（5）宗教性的表达：敦煌壁画主要以佛教题材为主，表达了佛教的教义和信仰，画家通过绘制佛陀、菩萨等形象，以及佛教故事的描绘，传达了对佛教信仰的崇敬和追求。

总的来说，敦煌壁画以其独特的题材、精湛的绘画技法和丰富的装饰性，展现了中国古代艺术的独特魅力，成为世界艺术史上的重要遗产。

（三）敦煌藻井图案艺术解析

1. 艺术特征

敦煌藻井图案是指位于中国甘肃省敦煌莫高窟中的一种图案，它具有独特的艺术特征，具体如下。

（1）善用对称性：敦煌藻井图案的设计善于运用对称性，将图案分为左右对称和四方对称两种形式，使得整个图案更加平衡、和谐。

（2）绘制精细：敦煌藻井图案通常采用细小的线条和繁复的纹饰绘制而成，这要求绘制者有高超的技艺和耐心，能够将每一个细节都绘制得十分精细。

（3）色彩丰富：敦煌藻井图案的色彩非常丰富，以红、蓝、绿、黄、黑、白等为主要颜色，这些鲜艳的颜色能够吸引观众的眼球，增强视觉效果。

（4）富有装饰性：敦煌藻井图案通常作为装饰元素使用，它的设计灵活多变，能够适应不同的场景和需求，体现了中国传统艺术中强调的装饰性和实用性相结合的美学观念。

（5）具有文化内涵：敦煌藻井图案是中国传统文化中的重要元素之一，它的纹饰和图案都具有深厚的文化内涵，如佛教传统文化、汉族传统文化等。

总之，敦煌藻井图案具有独特的艺术特征，它善用对称性、绘制精细、色彩丰富、富有装饰性和具有文化内涵，体现了中国传统艺术的魅力。

2. 文化内涵

敦煌藻井图案是中国传统文化中的重要元素之一，具有丰富的文化内涵。

（1）佛教文化：敦煌藻井图案通常是在敦煌莫高窟中，这些图案多与佛教文化有关。敦煌藻井图案中常绘有佛陀、菩萨、天神等，反映了佛教文化在中国传统文化中的重要地位。

（2）汉族传统文化：敦煌藻井图案体现了汉族传统文化中的审美观念。敦煌藻井图案以其精细的线条、瑰丽的色彩和华丽的装饰，展示了汉族人民对美的追求和欣赏。这些图案中的花鸟、山水、人物等元素以极其独特的排列和组合方式,体现了汉族人民对自然界和人文景观的热爱和赞美。

(3)艺术审美观念:敦煌藻井图案的设计灵活多变,善于运用对称性和纹饰等艺术手法,体现了中国传统艺术中强调的装饰性和实用性相结合的美学观念。

(4)历史文化传承:敦煌作为丝绸之路的重要节点,吸引了来自不同文化背景的人们,他们带来了各种艺术风格和图案元素,与当地的艺术家进行交流和融合,这种文化交流使得敦煌藻井图案具有了多样性和包容性。

总之,敦煌藻井图案作为中国传统文化中的重要元素,代表了佛教文化、汉族传统文化、艺术审美观念和历史文化传承等丰富的文化内涵。这些文化内涵丰富了中国传统文化宝库,为后人提供了宝贵的精神财富。

(四)敦煌飞天图艺术解析

1. 艺术特征

敦煌飞天图是中国传统文化中的艺术珍品,具有独特的艺术特征。

(1)精美的线条:敦煌飞天图通常采用精细的线条勾勒而成,线条流畅、优美、细腻,突出了人物的姿态和动态美。

(2)艳丽的色彩:敦煌飞天图的色彩通常非常鲜艳,以红、黄、绿等为主色调,强调了色彩的对比和鲜明度,给人以视觉冲击和美的感受。

(3)神秘的主题:敦煌飞天图的主题多是神秘的,如飞天、仙女、神仙等,这些主题给人以神秘、超脱的感觉,反映了古人对于神仙、天人的崇拜和幻想。

(4)精湛的技艺:敦煌飞天图的绘制需要高超的技艺,绘制者不仅需要精通人物的比例和形态,还需要对色彩和光影的变化有着深刻的理解和把握。

(5)具有历史和文化价值:敦煌飞天图是中国传统文化的珍品之一,它不仅反映了古代中国的美学和艺术水平,还具有历史和文化价值,可以帮助人们了解古代文化、历史和社会。

总之，敦煌飞天图以其精美的线条、艳丽的色彩、神秘的主题、精湛的技艺和历史文化价值，成为中国传统文化中不可或缺的重要元素之一。

2. 文化内涵

敦煌飞天图是中国传统文化中的重要元素之一，具有丰富的文化内涵。

（1）宗教信仰：敦煌飞天图是敦煌莫高窟中的艺术精品之一，这些飞天形象多与佛教文化有关。飞天形象代表了佛教中的天人境界，是佛教信仰中的重要元素之一。

（2）美学观念：敦煌飞天图的设计灵活多变，善于运用线条、色彩和形态等艺术手法，体现了中国传统艺术中强调的美学观念，如"神韵""意境""形神兼备"等。

（3）历史文化：敦煌飞天图案的历史文化价值在于它展示了中国古代艺术的独特魅力，同时也反映了佛教在中国的传播和融合过程，这些图案不仅具有艺术上的美感，还承载着丰富的宗教和文化内涵，对于研究中国古代艺术、宗教和文化交流具有重要意义。

（4）精神追求：敦煌飞天图的主题多是神秘的，如飞天、仙女、神仙等，反映了古人对于神仙、天人的崇拜和追求，是中国文化中精神追求的重要元素之一。

总之，敦煌飞天图代表了中国丰富的传统文化内涵包括宗教信仰、美学观念、历史文化和精神追求等方面。这些文化内涵丰富了中国传统文化宝库，为后人提供了宝贵的文化遗产和精神财富。

（五）敦煌藻井图案的应用

该系列作品以"敦煌藻井"为主题，敛藏如秘、绽放如花的"藻井"是我国传统木构建筑的顶部装饰，在中国古代的宫殿、寺庙等建筑中多次出现，有较为重要的地位。张衡《西京赋》释"藻井"："藻井当栋中，交木如井，画以藻文"，"井"加上藻文饰样，取"藻饰于井"之义，故称为"藻井"。敦煌藻井纹历史悠久，数量庞大，是敦煌石窟图案中的精华，研究价值高。美轮美奂的敦煌藻井纹，种类繁多，绘工精致，异彩纷呈，仿若美术界一本凝聚艺术精粹的诗经，蕴含着旺盛的生命力。

作品融合现代设计理念，以中国初唐、盛唐时期敦煌极具艺术美学特征的藻井图案为主要视觉元素，保留敦煌藻井特有的"斗四套叠"结构，在造型上以圆轮状的莲花为中心，外围图案使用水涡纹，四角为莲花纹、水涡纹、几何纹、火焰纹、飞天纹、葡萄、宝相花、三兔、忍冬纹等。在色彩上，保留其丰富的层次感，色系上常用的颜色有石青、绿、土红、赭石、朱砂、红、黄、白、粉等，采用深、中、浅色的退晕处理，使藻井图案呈现神秘华丽之美。该系列藻井图案用于文创产品（如丝巾、休闲手提包、眼罩、口罩、女裙等）设计，不仅展示了传统文化的独特美感，还赋予了时尚产品时代感和独特的文化内涵，让人们可以在日常生活中感受到传统与现代交融之美。

三　敦煌主题纹样项目文创设计效果展示

（一）敦煌藻井图案文创渔夫帽系列（图5-1～图5-3）

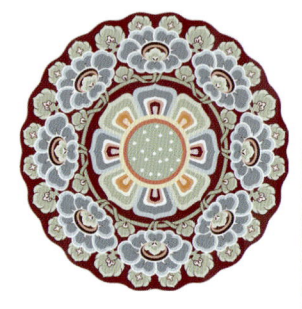

图5-1　敦煌藻井图案及文创渔夫帽设计1

图5-2 敦煌藻井图案及文创渔夫帽设计2

图5-3 敦煌藻井图案及文创渔夫帽设计3

项目五 敦煌主题纹样文创产品设计 | 143

（二）敦煌藻井图案文创休闲包设计（图5-4～图5-10）

图5-4　敦煌藻井图案及文创休闲手包设计1

图5-5　敦煌藻井图案及文创休闲手包设计2

图5-6 敦煌藻井图案及文创休闲手包设计3

项目五 敦煌主题纹样文创产品设计 | 145

图5-7　敦煌藻井图案及文创休闲手包设计4

图5-8　敦煌藻井图案及文创休闲手包设计5

图5-9 敦煌藻井图案及文创休闲包设计6

图5-10 敦煌藻井图案及文创休闲包设计7

项目五 敦煌主题纹样文创产品设计 | 147

（三）敦煌藻井图案文创丝巾设计（图5-11～图5-16）

图5-11　敦煌藻井图案及文创丝巾设计1

图5-12　敦煌藻井图案及文创丝巾设计2

图5-13　敦煌藻井图案及文创丝巾设计3

图5-14　敦煌藻井图案及文创丝巾设计4

项目五　敦煌主题纹样文创产品设计 | 149

图5-15 敦煌藻井图案文创丝巾设计5

图5-16 敦煌藻井图案及文创丝巾设计6

（四）敦煌藻井图案文创文化衫设计（图5-17~图5-25）

图5-17　敦煌藻井图案及文创文化衫设计1

图5-18　敦煌藻井图案及文创文化衫设计2

图5-19　敦煌藻井图案及文创文化衫设计3

图5-20　敦煌藻井图案及文创文化衫设计4

图5-21　敦煌藻井图案及文创文化衫设计5

152 | 中式元素文创产品设计与开发

图5-22 敦煌藻井图案及文创文化衫设计6

图5-23 敦煌藻井图案及文创文化衫设计7

项目五 敦煌主题纹样文创产品设计 | 153

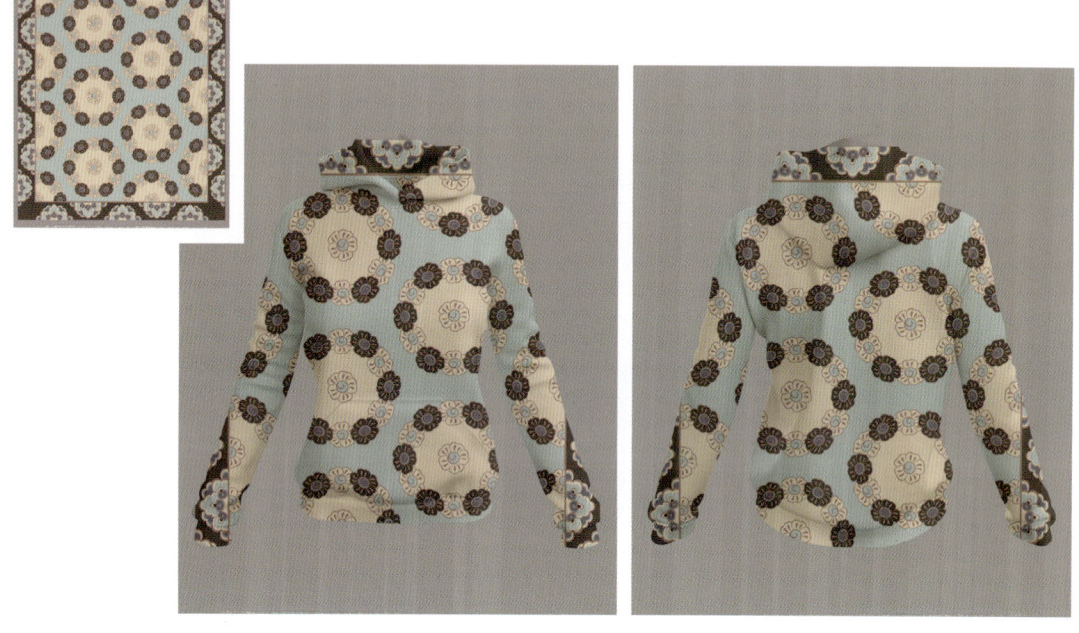

图5-24 敦煌藻井图案及文创文化衫设计8

图5-25 敦煌藻井图案及文创文化衫设计9

154 中式元素文创产品设计与开发

（五）敦煌藻井图案文创女裙设计（图5-26~图5-34）

图5-26　敦煌藻井图案及文创女裙设计1

图5-27　敦煌藻井图案及文创女裙设计2

项目五　敦煌主题纹样文创产品设计　155

图5-28　敦煌藻井图案及文创女裙设计3

图5-29　敦煌藻井图案及文创女裙设计4

图5-30 敦煌藻井图案及文创女裙设计5

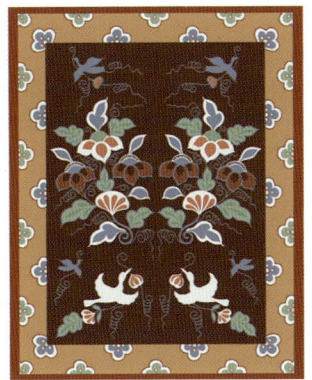

图5-31 敦煌藻井图案及文创女裙设计6

项目五 敦煌主题纹样文创产品设计 | 157

图5-32 敦煌藻井图案及文创女裙设计7

图5-33 敦煌藻井图案及文创女裙设计8

158 | 中式元素文创产品设计与开发

图5-34　敦煌藻井图案及文创女裙设计9

（六）敦煌藻井图案文创口罩设计（图5-35、图5-36）

图5-35　敦煌藻井图案及文创口罩设计1

图5-36 敦煌藻井图案及文创口罩设计2

项目五 敦煌主题纹样文创产品设计 | 161

（七）敦煌藻井图案文创眼罩设计（图5-37~图5-40）

图5-37　敦煌藻井图案及文创眼罩设计1

图5-38　敦煌藻井图案及文创眼罩设计2

162　｜　中式元素文创产品设计与开发

图5-39 敦煌藻井图案及文创眼罩设计3

图5-40 敦煌藻井图案及文创眼罩设计4

项目五 敦煌主题纹样文创产品设计 | 163

（八）敦煌藻井图案文创抱枕设计（图5-41~图5-44）

图5-41　敦煌藻井图案及文创抱枕设计1

图5-42 敦煌藻井图案及文创抱枕设计2

图5-43 敦煌藻井图案及文创抱枕设计3

图5-44　敦煌藻井图案及文创抱枕设计4

（九）敦煌飞天图案文创布包设计（图5-45）

图5-45　敦煌飞天图案及文创布包设计

（十）敦煌元素文创海报设计（图5-46）

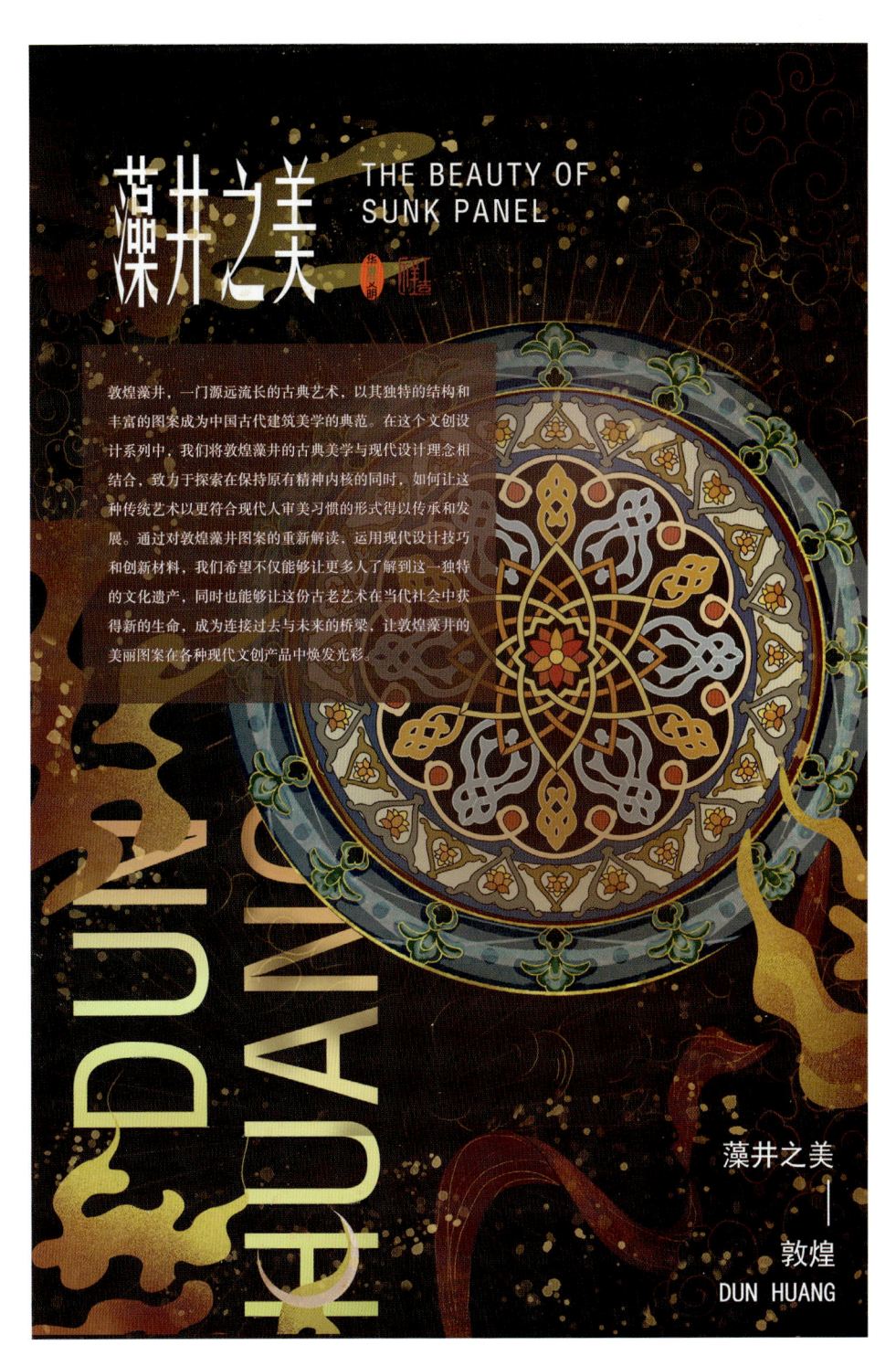

图5-46

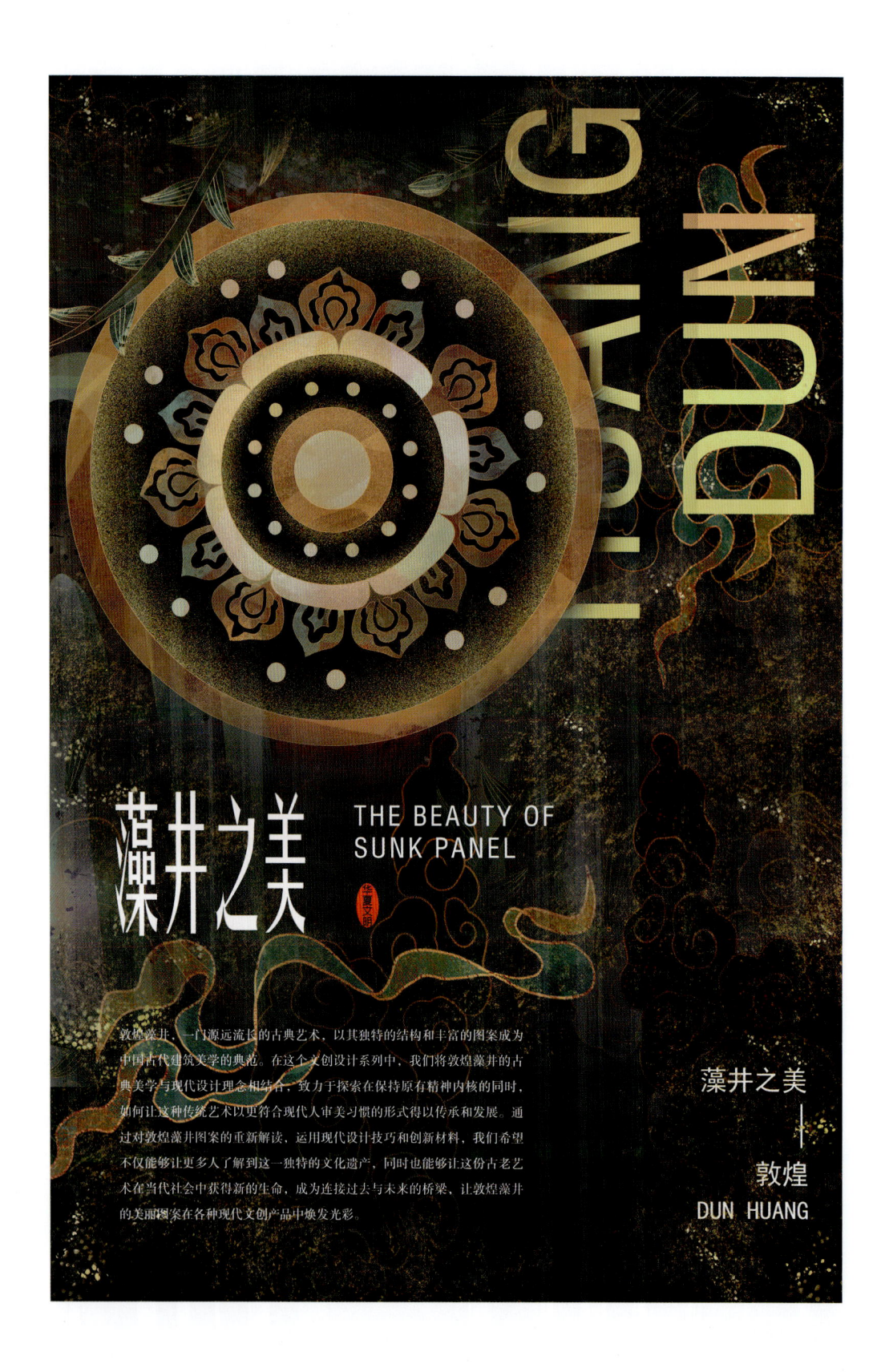

THE BEAUTY OF SUNK PANEL

藻井之美

敦煌藻井，一门源远流长的古典艺术，以其独特的结构和丰富的图案成为中国古代建筑美学的典范。在这个文创设计系列中，我们将敦煌藻井的古典美学与现代设计理念相结合，致力于探索在保持原有精神内核的同时，如何让这种传统艺术以更符合现代人审美习惯的形式得以传承和发展。通过对敦煌藻井图案的重新解读，运用现代设计技巧和创新材料，我们希望不仅能够让更多人了解到这一独特的文化遗产，同时也能够让这份古老艺术在当代社会中获得新的生命，成为连接过去与未来的桥梁，让敦煌藻井的美丽图案在各种现代文创产品中焕发光彩。

藻井之美
+
敦煌
DUN HUANG

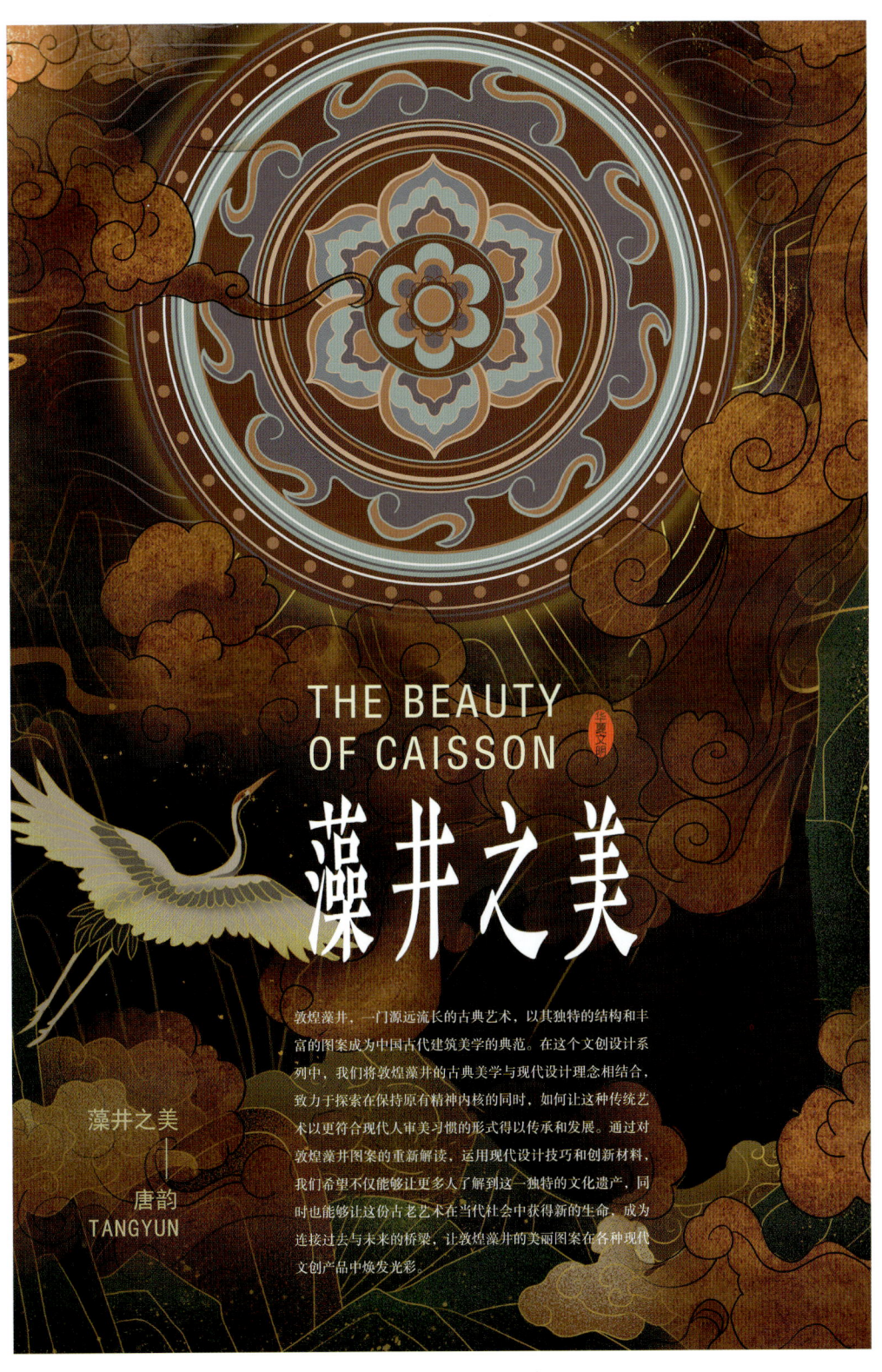

THE BEAUTY OF CAISSON

藻井之美

敦煌藻井，一门源远流长的古典艺术，以其独特的结构和丰富的图案成为中国古代建筑美学的典范。在这个文创设计系列中，我们将敦煌藻井的古典美学与现代设计理念相结合，致力于探索在保持原有精神内核的同时，如何让这种传统艺术以更符合现代人审美习惯的形式得以传承和发展。通过对敦煌藻井图案的重新解读，运用现代设计技巧和创新材料，我们希望不仅能够让更多人了解到这一独特的文化遗产，同时也能够让这份古老艺术在当代社会中获得新的生命，成为连接过去与未来的桥梁，让敦煌藻井的美丽图案在各种现代文创产品中焕发光彩。

藻井之美
—
唐韵
TANGYUN

图5-46

韵 YUN — 敦煌飞天

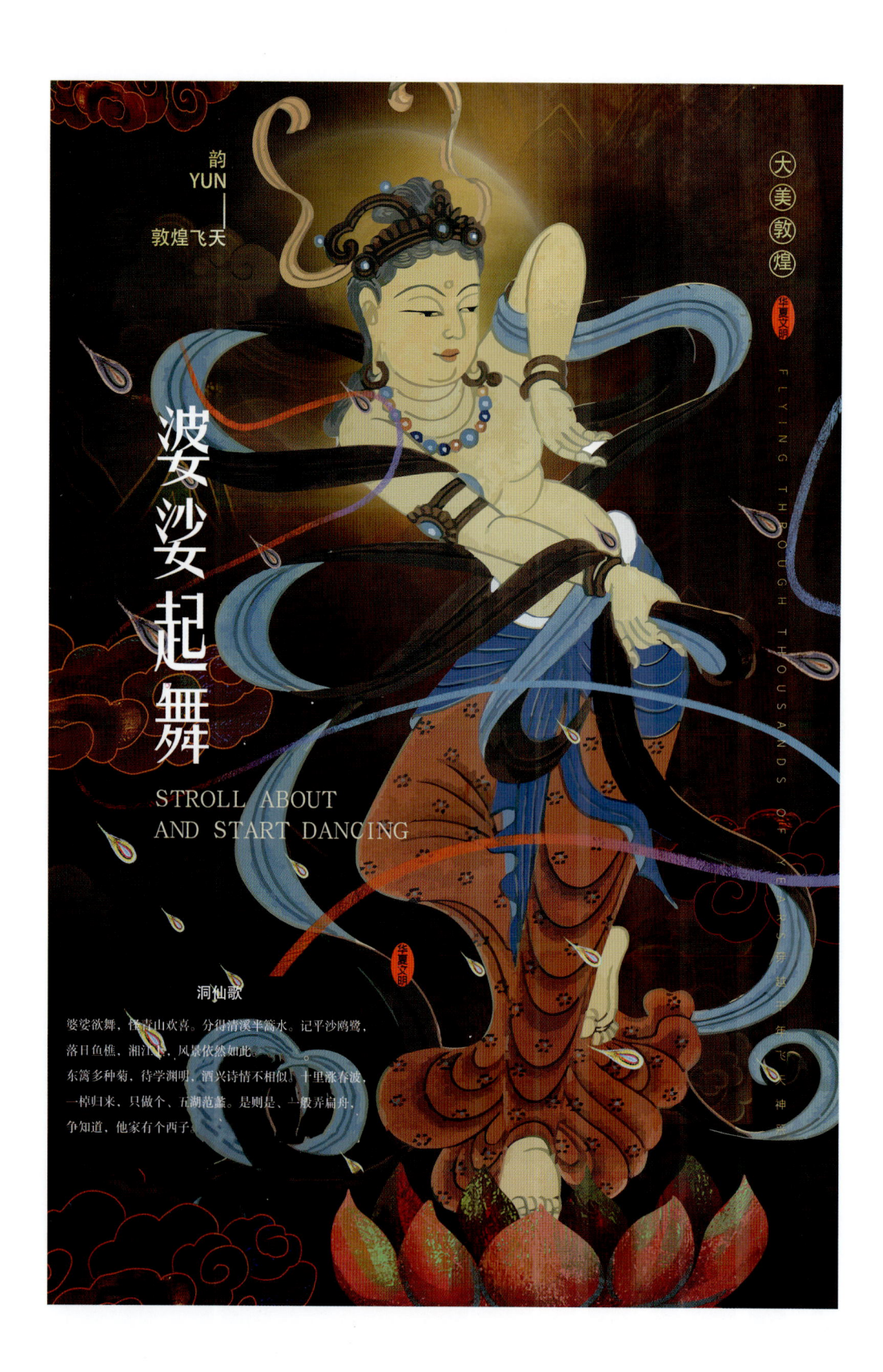

大美敦煌

FLYING THROUGH THOUSANDS OF

婆娑起舞

STROLL ABOUT AND START DANCING

洞仙歌

婆娑欲舞，怪青山欢喜。分得清溪半篙水。记平沙鸥鹭，落日鱼樵，湘江上、风景依然如此。东篱多种菊，待学渊明，酒兴诗情不相似。十里涨春波，一棹归来，只做个、五湖范蠡。是则是、一般弄扁舟，争知道，他家有个西子。

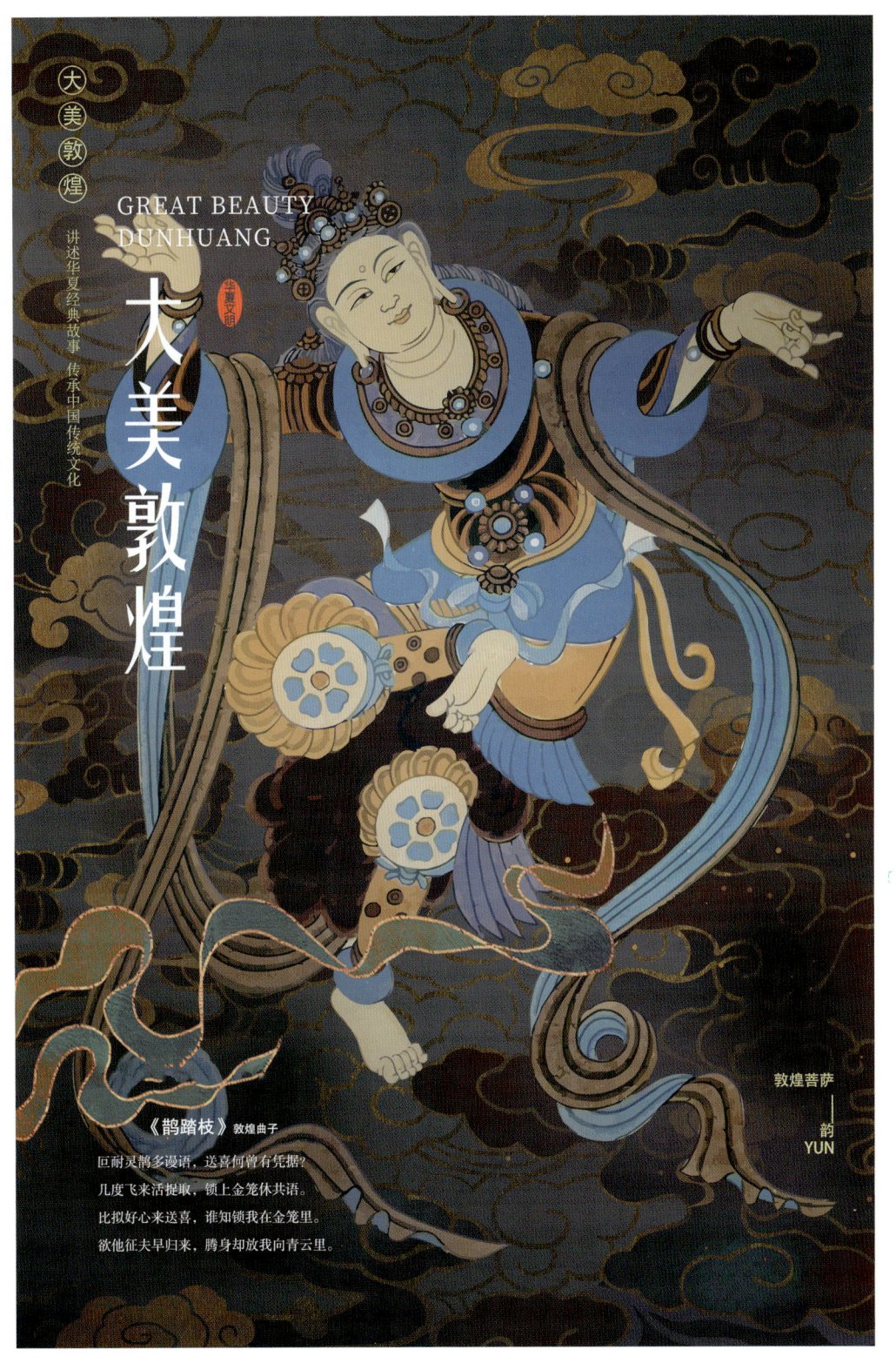

图5-46

图5-46 敦煌元素文创海报设计

（十一）敦煌元素文创海报户外展示（图5-47）

图5-47

176 中式元素文创产品设计与开发

图5-47　敦煌元素文创海报户外展示

项目五　敦煌主题纹样文创产品设计　　177

结　语

　　中式元素具有独特的美学价值和艺术特色，在文创设计中，应用中式元素可以赋予作品更多的文化内涵和艺术感，同时也可以提高作品的美感和视觉效果，增强作品的传播力和影响力。

　　在今天的文化创意产业中，中式元素的价值和意义更加凸显，它不仅是中国古代文化的重要遗产，同时也是中国文化艺术的重要组成部分。通过中式元素在文创设计中的创新应用，可以更好地传承和发扬中华传统文化，同时也可以推动文创设计的创新和发展，为文化创意产业的繁荣作出更大的贡献。然而，中式元素在文创设计中的应用也需要注意一些问题。首先，在借鉴时要避免过度模仿，要保持自己的创新和独特性。其次，要注重文化的传承和发展，不能简单地将传统元素简单地套用到现代设计中，而是要进行创新和改良，使其更符合现代审美和需求。最后，要注重文化的多样性和包容性，不能将中式元素作为唯一的设计元素，而是要与其他文化元素相结合，创造出更加多样化和包容性的设计作品。